APPRIVOISER SON CARACTÈRE

Si vous souhaitez être tenu au courant de nos publications,
vous pouvez envoyer vos nom, adresse et email aux
Editions des Béatitudes, Burtin, 41 600 Nouan-le-Fuzelier
ed.beatitudes@wanadoo.fr
www.editions-beatitudes.fr

ISBN 978-2-84024-353-3

Conception de la couverture : mc-design – martin casteres
Illustration de couverture : Yves Guézou

JOËL PRALONG

APPRIVOISER SON CARACTÈRE

Tu n'es pas responsable de la tête que tu as, mais de la tête que tu fais

Éditions des Béatitudes

Collection Verbe de Vie

Cette collection est dirigée par la Communauté du Verbe de Vie (Abbaye Saint-Étienne - 19190 Aubazine).
Elle aborde des thèmes de vie spirituelle fondamentaux pour la vie et la vocation du disciple du Christ. Les différents ouvrages de cette collection, centrés sur la Parole de Dieu et les enseignements de l'Église, contribuent à la construction et la croissance dans l'amour de Dieu et l'amour de l'Église.

Ouvrages déjà parus :

Abraham, un père au cœur d'enfant, Olivier Belleil, 2000.

Vivre dans la louange, Bertrand Georges, 2001.

Élie, l'homme de feu, Olivier Belleil, 2002. (épuisé)

La relation conjugale, Olivier Belleil, 2005.

Viens, Esprit Saint ! Parcours des sept semaines pour préparer l'effusion du Saint-Esprit, Olivier Belleil, 2007.

Faire les bons choix au bon moment, Bertrand Georges, 2007.

Sortir gagnant de nos luttes intérieures, Marie-Anne Leroux, 2008.

De la faiblesse à la force, Paul de Tarse et Thérèse de Lisieux, un chant d'amour à deux voix, Joël Pralong, 2008.

Ouvrage du même auteur aux éditions Saint-Augustin :

Le pouvoir des mains vides : Jérémie, le curé d'Ars, le prêtre, Saint-Maurice, 2009.

Ouverture

Tu n'es pas responsable de la tête que tu as...

Pour peindre ses tableaux, Léonard de Vinci choisissait les modèles les mieux adaptés à ses personnages. Une anecdote raconte que lorsqu'il peignit la Sainte Cène, il eut du mal à trouver un modèle représentatif du traître Judas.

Il s'en alla chercher dans les tavernes un visage qui, par sa laideur, lui permettrait de peindre la figure du renégat.

Après des mois de recherches infructueuses, un jour enfin, le peintre crut avoir trouvé. Là-bas, dans un coin, au fond d'une taverne mal famée, il repère un visage portant les stigmates du vice. Léonard s'approche de l'homme et lui demande s'il accepterait de venir dans son atelier afin de servir de modèle pour Judas.

L'homme, silencieux, regarde fixement Léonard. Puis il prend une lanterne, l'approche de son visage et dit : *Monsieur Léonard, tu ne me reconnais pas ? C'est moi qui ai posé pour toi lorsque tu peignais le visage de Jésus.*

Que s'est-il passé ? Était-ce le modèle qui avait changé à ce point de visage, ou Léonard, embrumé par un regard vitreux qui l'empêchait de voir clair ? Que sont ces brumes qui déforment facilement la parole, la pensée, l'attitude, le visage de quelqu'un ? Les grands amis d'un jour deviennent facilement les ennemis de demain à cause d'une parole qui a froissé, d'une sensibilité à fleur de peau, d'un choix différent. Et tous ces personnages que l'on suit et choisit selon l'humeur du moment, les mettant sur un piédestal pour les diaboliser plus tard.

Si effectivement *tu n'es pas responsable de la tête que tu as, je suis tout de même, moi, un peu responsable de la tête que je te taille avec les ciseaux de mes émotions et humeurs changeantes*. Finalement, *la tête que tu as n'est que le simple reflet, ou la projection, de la tête que moi je pousse* !

… Mais de la tête que tu fais

Ne sommes-nous pas le jouet de nos impulsivités et de nos instincts incontrôlables, de nos peurs et angoisses, de nos traits de caractère qui déforment la réalité ? Suis-je réellement, d'après ce qu'on dit, *une tête de mule, un bilieux, une langue de vipère, un écorché vif, un aveugle, une bombe à retardement, un courant d'air,* etc. ? Tous ces coups d'épingles qui mettent à nu nos fragilités et nos blessures, provoquant toutes sortes de réactions sensibles de retrait ou d'attaque.

Si tu n'es responsable ni de la tête que tu as ni de celle que tu fais, cela veut dire que tu es figé dans tes humeurs, dépendant de ta bile, conduit par tes impulsivités, réduit quasiment à l'état d'animal.

La tête que tu as, c'est-à-dire ton donné de départ physique et psychologique, il te faut l'accepter et l'aimer, mais tu n'es pas un être préfabriqué et statique, prisonnier de ton archéologie de départ, car tu as reçu plus : une capacité de te dépasser, de bâtir du neuf sur de l'ancien, de viser plus haut, de tendre vers le bonheur en partant de ce que, humblement, tu es. Avec ce potentiel qui est en toi, tu es capable de faire bonne figure contre mauvaise grâce.

Tu es bien plus que tu en as l'air…

T'as bonne mine, t'as mauvaise mine, me dis-tu souvent, et que fais-tu du porte-mine ? Écoute donc ce que je ne dis pas, regarde ce que je ne montre pas, devine le fond de mon cœur et ne te fie pas à ma mine ! L'être est plus que le paraître et le paraître peut tromper.

Mais de quoi sommes-nous faits, nous, les humains ? Et qu'avons-nous de plus que les autres mammifères conduits par leurs seuls instincts ?

Si l'homme descend du singe, ce qui est sûr, c'est qu'il ressemble plus à Dieu qu'au chimpanzé !

Tout l'homme, corps, affectivité, âme, porte l'empreinte de Dieu :

> *« Alors le Seigneur Dieu modela l'homme avec la glaise du sol, il insuffla dans ses narines une haleine de vie et l'homme devint un être vivant. »* (Gn 2, 7)

> Et encore : *« Dieu créa l'homme à son image, à l'image de Dieu il les créa, homme et femme il les créa. »* (Gn 1, 27)

Voilà cet être que Dieu a voulu, lui insufflant son haleine de vie, son souffle d'en haut, le dotant d'une âme spirituelle, faite d'intelligence et d'amour, enrichie des dons du Saint-

Esprit, pour continuer de recevoir le souffle divin, telle la voile d'un bateau gonflée par le vent. Viennent s'y ajouter des instruments de précision, pour donner à l'homme plus d'intelligence dans ses choix et plus de vigueur dans son agir, ce que l'on appelle les *vertus humaines et théologales*, comme les rames du bateau, le gouvernail et un bon capitaine.

Par l'exercice des vertus et l'accueil des dons, l'homme acquiert la capacité d'améliorer son caractère, de dépasser ses humeurs et d'utiliser ses instincts comme des forces positives.

… Même si parfois tu peines à avancer

Car tu as bien conscience de tes blessures intérieures ainsi que de ces forces contraires qui s'affrontent en toi, te conduisant à faire le bien ou le mal, ce combat entre le vieil homme soumis à ses convoitises et l'homme nouveau, revêtu de l'esprit du Christ et maître de lui-même.

Bien que fragile et vulnérable, il faut que tu saches néanmoins qu'au plus profond de toi-même, au plus intime de ton intimité, se trouvent les appartements du Roi, ton âme spirituelle, ce diamant intouchable et inaltérable diffusant sa lumière à travers toutes les couches de ton être, se reflétant enfin sur ton visage.

À partir de cette présence, tout peut naître et renaître, se fortifier et s'illuminer.

Alors, courage, cher Ami Lecteur, va au-dedans et au-delà de toi-même, à la rencontre du Roi qui te révélera des secrets sur toi-même et sur Lui-même. Dis-lui tout et Il te donnera tout !

But, méthode et structure de cet ouvrage

Ce livre s'adresse à un large public, car j'ai voulu dire des choses compliquées avec des mots simples, dans le souci de transmettre un enseignement, sur le style de l'exhortation, pour encourager, éclairer et aider le croyant à se situer au sein d'un monde aux idées confuses et complexes concernant la nature de l'homme, son origine et sa destinée.

Il s'agit d'un exposé qui se veut clair, précis et pratique, pour des *chrétiens pressés* qui n'ont pas le temps de lire beaucoup.

La première partie abordera différentes visions de l'homme à travers la Bible, la philosophie, la théologie et la psychologie moderne.

Une large place sera, bien sûr, réservée à l'approche chrétienne avec son arsenal de vertus et de dons spirituels.

Dans cette partie, nous parlerons également de l'homme malade et pécheur appelé à la conversion et à la guérison.

En deuxième partie, la plus longue, je proposerai deux pistes pratiques pour avancer, dans le Seigneur, vers le dépassement de soi et l'exercice des vertus :

– comment entrer en dialogue avec le Seigneur et le laisser entrer dans toutes les couches de notre être, conscientes et inconscientes, connues et inconnues, ceci par la méditation de quelques psaumes bibliques où se confrontent les sentiments, les émotions et les passions qui nous habitent : colère, tristesse, angoisse, désir, amour, joie, etc. Dévoilées et exprimées dans un dialogue de confiance qui se noue entre l'homme et Dieu, nos passions s'humanisent et deviennent le levier ou le moteur de notre communication avec les autres ;

– comment intégrer et harmoniser nos passions dans l'activité humaine, d'abord par la prière et la maîtrise des pensées, selon l'enseignement des Pères du désert, et, ensuite, par l'exercice des vertus cardinales : prudence, force, tempérance, justice. Bon nombre d'exemples pratiques seront puisés dans la vie des saints et dans l'expérience pastorale de l'auteur.

Ce livre n'est pas un traité compliqué d'anthropologie chrétienne, ni un exposé sur la guérison intérieure ou les thérapies psycho-spirituelles, mais tout simplement une méthode pratique et très imagée pour mieux se familiariser avec soi-même, se dépasser, améliorer quelque peu son caractère et trouver la paix intérieure.

PREMIÈRE PARTIE :

L'HOMME, GRANDEUR ET PAUVRETÉ

I

Tu es bien plus grand que les méandres de ton caractère

1. La puissance de l'homme intérieur

« Donnez-moi la preuve que Dieu existe ! » me lance une jeune adolescente. Je lui réponds du tac au tac : « Et toi, donne-moi la preuve que l'amour existe ou, si tu veux, montre-moi l'amour ! – Mais ce n'est pas possible, on ne peut ni montrer ni prouver l'amour parce que…, parce que… euh, l'amour ça se ressent là (geste en direction du cœur). – Eh bien vois-tu, Dieu, tout comme l'amour, ne se prouve pas, Il se ressent "là", de la même façon. Il n'y a que toi qui puisses dire s'Il est vraiment vivant et avec toi en ce moment ! »

En effet, Dieu, tout comme l'amour, représente un mystère qui nous dépasse et nous comble à la fois. Aussi nécessaire que l'oxygène que l'on respire. Dieu ne se prouve pas, Il se ressent. Il ne s'agit pas d'un ressenti émotif ou sentimental, mais spirituel. Quelque chose qui monte des profondeurs, de ce « là » en nous, telle une force paisible qui nous envahit progressivement, nous donnant la certitude que *« rien ne peut nous séparer de l'amour du Christ »* (cf. Rm 8, 31-39). Ce quelque chose de mystérieux et de profond, tel un souffle puissant, un élan vital qui vient du dedans, c'est ce que les philosophes appellent l'âme ou l'esprit. L'apôtre Paul nomme cette réalité l'homme intérieur :

> *« C'est pourquoi nous ne perdons pas courage et même si, en nous, l'homme extérieur va vers sa ruine, l'homme intérieur se renouvelle de jour en jour. »* (2 Co 4, 16-17)

L'homme extérieur fait référence à la condition actuelle de l'être humain exposé à la souffrance et à la mort. Paul distingue entre ce que l'on ressent au niveau sensible (angoisse, peur, colère, etc.) et ce qui se passe au plus intime de nous-mêmes. Le *Moi intérieur*, animé par le don de l'Esprit (cf. 2 Co 5, 5 ; Rm 5, 5), est promis à l'Éternité. La puissance de l'*homme intérieur* est capable de dépasser la peur de la maladie et de la mort, qui sont des réalités du moment, appelées à disparaître. *L'homme intérieur* est définitif, pour une existence éternelle :

> *« Si l'Esprit de Celui qui a ressuscité Jésus d'entre les morts habite en vous, Celui qui a ressuscité Jésus d'entre les morts donnera aussi la vie à vos corps mortels, par son Esprit qui habite en vous. »* (Rm 8, 11)

Sur cette terre, nous sommes souvent divisés entre deux personnages : l'un, *spirituel*, qui est tourné vers Dieu, recevant de lui force, courage et espérance, et l'autre, charnel, qui se retrouve prisonnier de ses peurs, de ses douleurs, de son péché et des soubresauts de son caractère (cf. 1 Co 2, 14). Cette division provoque un combat entre le *vieil homme (extérieur) et l'homme nouveau (intérieur)* :

> *« Maintenant donc, vous aussi, débarrassez-vous de tout cela : colère, irritation, méchanceté, injures, grossièreté sortie de vos lèvres... car vous vous êtes dépouillés du vieil homme, avec ses pratiques, et vous avez revêtu l'homme nouveau. »* (Col 3, 8-10)

> *« L'homme nouveau, lui, est créé selon Dieu, dans la justice et la vérité. »* (Ep 4, 24)

Il est armé de puissance, enraciné et fondé dans l'amour (cf. Ep 3, 14-19). Dans mon expérience pastorale, je remarque souvent cet étonnant combat chez des personnes qui ont perdu un être cher : « C'est vrai, je souffre du départ de mon conjoint, mais, en même temps, je sens, au plus profond de mon cœur, cette force divine qui me pousse en avant et me tourne vers le ciel. »

2. L'âme, cet élan vital

Une enfant me fit cette réflexion : « Vous savez, mon chat est très intelligent, il m'aime et me fait beaucoup de câlins. Ira-t-il au ciel, lui aussi ?

– Penses-tu que ton chat croie en Dieu ? Prie-t-il tous les jours ? Tu as de la chance d'avoir un gentil chat. Maintenant, dis-moi, dialogue-t-il avec d'autres chats ? Accueille-t-il volontiers l'arrivée d'un chat étranger sur son territoire ? Que se passe-t-il lorsque deux chats se retrouvent devant une même assiette de croquettes ? L'un laisse-t-il passer l'autre devant par gentillesse ? Si tu ne nourrissais plus ton chat, que se passerait-il ? Certainement, il s'attacherait à une autre personne qui, elle, lui donnerait à manger. Toi-même, penses-tu que ton chat t'aime de la même manière que tes parents ou tes meilleurs copains ? »

Réflexion faite, l'enfant admit que l'animal ne pouvait lui offrir autant d'attention qu'un humain, en termes d'échange d'amitié, de sécurité, de tendresse, d'encouragement, d'écoute, de conseils, etc. L'animal agit et réagit comme par réflexe, sous la pression de ses instincts ou pulsions, pour préserver sa vie, son autonomie, et satisfaire ses besoins : attrait vers quelqu'un ou quelque chose de gratifiant, peur, fuite, agressivité devant un objet menaçant ou hostile.

Par ailleurs, l'humain peut, dans certaines circonstances, afficher un comportement purement bestial, pulsionnel, cherchant à satisfaire ses pulsions, et cela peut aller jusqu'à éliminer un autre humain. Il y a chez lui une double face : l'homme pétri d'amour et de sagesse, et l'homme bestial, *charnel*, prisonnier de ses convoitises [1].

À partir de l'observation, nous devons nous tourner vers les philosophes qui essaient d'expliquer cette vie qui bouillonne dans l'humain, ce qui l'anime, c'est-à-dire son âme [2]. Celle-ci assume plusieurs fonctions chez l'humain. Appelée d'abord *végétative*, elle donne de la vie aux organes d'un individu, lui permettant de se nourrir, de respirer et de se reproduire. Elle est ensuite *sensitive*. Par ses cinq sens, l'individu entre en contact avec la réalité. Ce qu'il perçoit du réel suscite en lui toutes sortes d'émotions et de sentiments : peur, colère, plaisir, etc. Par exemple, *je vois cette rose* : la vision saisit immédiatement sa couleur et sa forme, l'odorat son parfum et le toucher l'aspect velouté des pétales. Je peux ainsi décrire cette rose et la connaître de manière purement sensible, grâce aux informations

---

1. Saint Paul appelle cela les œuvres de la chair : « *libertinage, impureté, débauche, idolâtrie, haines, discordes, jalousies, envie* » qui s'opposent aux fruits de l'homme nouveau, animé par l'Esprit : « *amour, joie, paix, patience, bonté, douceur, maîtrise de soi* » (Ga 5, 19-23).

2. Âme vient de *animer, mettre de la vie.*

communiquées par les sens. Cette connaissance dite sensible fonctionne également chez l'animal.

En fermant les yeux, je peux me faire une image de la rose et la stocker dans ma mémoire. La vision ou le souvenir *en image* déclenche une émotion : *cette rose me touche et m'émeut, tellement elle est belle ; elle m'attire et je désirerais la cueillir pour la contempler chez moi dans un vase.* Enfin, se décèle l'âme spirituelle, propre à l'humain. Homme et animal possèdent une âme sensitive. Toutefois, c'est l'homme qui maîtrise l'animal (même le plus évolué), et non le contraire. L'homme n'aime pas son semblable pour satisfaire ses instincts, il n'en subit pas l'attrait, il se donne à l'autre librement. Il peut maîtriser ses états affectifs, à tel point qu'on ne s'en aperçoit pas à l'extérieur, tandis que chez l'animal, ils se manifestent de façon instinctive, spontanée. Capable aussi de réflexion avant d'atteindre son objet, l'humain prend le temps de comparer, d'évaluer, de raisonner, de discerner ; puis, librement, il entre en contact avec l'autre. Deux qualités émergent de l'âme humaine : l'intelligence et l'amour.

L'âme sensible chez l'humain

La perception sensible suscite en nous des attraits passionnels, des élans affectifs, parfois violents, vers telle personne ou tel objet, mais aussi des mouvements de rejet et de répulsion qui nous en écartent.

Un mouvement de colère peut s'emparer de nous avec l'envie de tout détruire lorsque nous sommes blessés affectivement. Il peut y avoir aussi certaines exaltations de puissance qui nous mettent dans un état euphorique ou, au contraire, dans des états de dépression et de tristesse qui nous replient sur nous-mêmes. Des états d'âme que nous subissons, d'où le mot *passion*, du latin *pati*, « être passif, *subir* ». Nous le disons parfois : *C'est plus fort que moi, je n'arrive pas à me calmer ou bien à me raisonner, à sortir de ma tristesse.*

Les passions, synonymes d'émotion, de sentiment, de pulsion, appartiennent aux mouvements de notre sensibilité. Imprévisibles comme des chevaux fougueux, l'homme raisonnable doit en être le maître, à la manière du cavalier qui tient sa monture par la bride. Si, au contraire, il se laisse mener et emporter par sa propre monture, il perd sa liberté d'action et devient l'esclave de ses passions. Maîtrisées et canalisées, les passions deviennent des énergies positives soutenant l'action humaine. Par exemple, l'énergie agressive renforce et soutient le courage, stimule l'effort à aller jusqu'au bout de ses engagements. L'énergie sexuelle consolide l'amour des conjoints et enrichit leur vie de couple. Non contrôlées, les passions nous envahissent et brouillent la juste vision des choses, elles sont la cause de nos faux jugements et d'interprétations erronées de la réalité. Elles ressemblent alors à des lunettes par lesquelles nous percevons les autres : sympathiques ou antipathiques, tristes, déçus, en colère, bien ou mal dans leur peau, exubérants, etc. Selon les lunettes du moment, nous plaçons telle personne très haut dans notre estime et trouvons que tout ce qu'elle dit ou fait est merveilleux. Tandis que, vis-à-vis de telle autre, apparemment antipathique, nous lui trouvons tous les défauts du monde. Une fois de plus, nous nous blessons souvent nous-mêmes en devenant le jouet des passions qui déforment le réel.

La psychologie a mis en lumière deux grandes énergies qui façonnent notre sensibilité : l'affectivité, qui s'exprime notamment dans la sexualité, et l'agressivité. Deux forces qui contredisent l'image idéale que nous nous faisons de nous-mêmes et que nous tentons souvent de nier ou de refouler. Les personnes spirituelles ressentent parfois la sexualité comme quelque chose de contraignant, qui s'oppose à leur idéal de vie. Il faut reconnaître qu'une certaine morale catholique, en jetant le soupçon sur la sexualité, a favorisé son refoulement et sa négation. Tandis que la mystique y a vu une énergie spirituelle importante. Il suffit de lire le Cantique biblique qui, pour raconter l'union de l'âme avec Dieu, se sert d'un langage purement érotique. À maintes reprises d'ailleurs, le Cantique a donné de l'eau au moulin d'une quantité d'auteurs spirituels, pour ne citer que saint Bernard de Clairvaux et saint Jean de la Croix. Dans la mystique comme dans la sexualité, le chemin débouche sur une extase, une sortie de soi, un oubli de soi vers l'autre. Le moi s'oublie pour se perdre dans l'amour de l'autre et devenir un avec lui. À la source de ces deux expériences, il y a la même énergie, le même désir : se donner à l'autre et communier à lui. Il s'agit d'éclairer et d'orienter, et l'une, et l'autre.

La chasteté pour le Royaume à laquelle sont appelés les prêtres et les religieux ne constitue en aucun cas une fuite de la sexualité. La chasteté peut se vivre sainement seulement chez celui qui sait instaurer un juste rapport avec les autres. Combien d'hommes et de femmes ne considèrent-ils pas la sexualité comme quelque chose de dangereux et qu'ils répriment ? Celui qui dépense beaucoup d'énergie pour la refuser se fait mal. Refoulée, elle revient en force dans les moments de découragement, d'échec ou de fatigue, pour l'assujettir, le pousser à des gestes et attitudes incontrôlés et impulsifs : auto-érotisme, pornographie, recours à des prostituées, perversions sexuelles. Ceci dit, il n'en demeure pas moins important de considérer la sexualité comme une énergie mise en nous par Dieu, comme une force bonne et nécessaire pour notre vie et notre spiritualité (cf. 2 P 1, 3).

Bien sûr, il ne s'agit pas de la vivre de façon incontrôlée. Si elle surgit *« d'un désir qui provoque corruption et convoitise »* (cf. 2 P 1, 4), elle étouffe la liberté et ne conduit pas à la vie. Elle nous conditionne et nous replie sur notre ego. Paul nous en avertit :

> *« Tout m'est permis, mais tout ne me convient pas. Tout m'est permis, mais moi je ne me laisserai asservir par rien... Le corps n'est pas pour la débauche, il est pour le Seigneur et le Seigneur est pour le corps. »* (1 Co 6, 12-13)

La sexualité ne doit pas nous dominer, sinon nous perdons notre équilibre.

De même, l'agressivité est également une énergie positive. Il s'agit donc de la maîtriser et de la canaliser au service de la vie. Elle est cette force vitale par laquelle l'homme prend en main sa vie, s'accroche à elle, va jusqu'au bout de ses projets et engagements, pour aller de l'avant et dépasser les obstacles. Elle est formatrice de la personnalité en nous poussant à agir, à oser prendre des risques, à aller à la rencontre de cet autre qui, parfois, fait peur, à se poser dans l'existence et à être sûr de soi. D'ailleurs, ne dit-on pas des adolescents *qu'ils doivent s'opposer pour se poser !* Leur attitude souvent agressive fait partie de ce processus normal de détachement du cocon familial et de recherche de leurs propres limites dans le but d'acquérir petit à petit leur autonomie. Et cette métamorphose exige beaucoup d'énergie, laquelle, parfois, déborde en agression.

Le mot agressivité vient du latin *ad-gredi,* « s'approcher de, aller vers quelqu'un, s'approcher d'un autre, entrer en relation », mais sans perdre sa personnalité ou se laisser manger par l'autre. Dans ce sens aussi, une bonne dose d'agressivité impose le respect et remet les choses à leur juste place, dans la vérité. Il y a de ces *saintes ou bonnes colères* qui sont tout à fait évangéliques. Pour preuve, l'épisode des vendeurs chassés du Temple (cf. Jn 2, 13-22). Jésus ne fait pas dans la dentelle pour remettre de l'ordre, et Dieu à sa juste place. Les *justes colères* sont des énergies positives, parce qu'elles expriment un souci d'ordre et de vérité, sans, toutefois, briser la relation à l'autre, ce qui déclencherait rancœur et haine. Elles sont motivées par le même esprit de vérité et d'amour qui habite les parents lorsqu'ils corrigent leurs enfants.

Enfin, agressivité et sexualité sont des forces positives données par Dieu.

> « La deuxième lettre de Pierre nous dit : "*Sa puissance* ("dynamis" en grec : force, énergie, vigueur, vertu médicinale, vitalité) *nous a gratifiés de tout ce qui est bon pour la vie et la piété.*" (2 P 1, 3) La puissance divine nous a fait don de l'énergie (dynamis) de l'agressivité et de la sexualité, comme des forces qui pour notre vie et notre piété sont bonnes… Il ne s'agit donc pas de nous en amputer, mais d'en user humainement, de les intégrer dans notre conception de la vie [1]. »

Quelles sont, maintenant, les passions qui composent le tissu affectif et agressif de l'âme sensible ? Pour y voir plus clair, je renvoie le lecteur en annexe, planche numéro 1, qui a pour titre : « L'homme sous le regard du philosophe ». La diligence entière représente l'homme *corps-sensibilité-âme spirituelle*. Pour l'instant, nous nous concentrerons sur les *passions* représentées par les chevaux, telles des forces soumises au service de l'humain si elles sont biens gérées et mises à son service. D'abord, voici le premier cheval, tout en avant, qui tire et motive les autres, **l'amour affectif**. Il se porte sur un bien sensible, attirant. Tant que le bien-aimé

---

1. A. Grün, *Conquérir sa liberté intérieure*, Paris 2000, p. 129-130.

n'est pas rejoint, c'est le **désir** qui se met en route, qui prend beaucoup d'énergie et peut exercer une violence sur l'individu. Le bien atteint, le sujet s'épanouit dans le **plaisir**, jouissance sensible qui l'envahit. L'amour-passion est captatif et demande de posséder continuellement le bien-aimé.

À côté de ces trois passions affectives, interviennent trois passions à l'égard du mal, trois anti-amours. En présence de celui qui nous blesse d'un point de vue sensible, dans ce qui empêche l'épanouissement de notre affectivité, nous avons une réaction violente d'opposition, nous fuyons ou nous sombrons dans la tristesse. Apparaît en premier lieu la **haine**, prenant la place d'un amour passionnel qui n'a pas pu s'épanouir. Cette passion nous place dans un état d'opposition, de rejet de l'autre, devenu soudainement notre ennemi, à la différence de l'amour-passion qui recherche l'union. La haine tourne le dos au désir et nous éloigne de l'autre.

Elle engendre la **fuite**. Lorsque le mal nous apparaît comme proche, mais pas encore présent (la personne qui nous a blessés se trouve dans les parages), la fuite passionnelle nous envoie le plus loin possible pour éviter de devoir encore souffrir à la vue de l'autre. Elle nous replie sur nous-mêmes dans cette cachette devenue peu à peu notre prison d'amertume.

Mais quand le mal sensible surgit à nos côtés, la **tristesse** nous enveloppe et nous terrasse. Plus l'autre est présent, plus la tristesse s'empare de nous et nous opprime. À l'inverse de la jouissance qui dilate, la tristesse nous prend à la gorge.

Quant aux passions agressives, elles se jettent dans l'arène de la même manière.

Lorsque le bien sensible devient ardu à conquérir (telle personne convoitée, par exemple) et que l'amour-passion ne suffit pas à se déclarer, à un moment donné, nous mobilisons toutes nos énergies pour nous précipiter vers ce bien :

c'est la passion **d'audace** qui *brise la glace et perce l'abcès*. Si le bien sensible est absent, il suscite en nous une force de conquête, et voilà la passion **d'espoir** qui oriente toutes nos énergies vers ce bien. L'espoir, qui veut trouver tous les moyens pour conquérir l'être aimé, pour *le faire craquer* !

Quand il s'agit d'un mal difficile à vaincre et qu'il nous apparaît dangereux et menaçant, bien au-dessus de nos forces, l'audace se transforme en passion de **crainte** : *arrivant à la maison de la personne convoitée, les aboiements d'un chien méchant stoppent les pas de l'amoureux.*

Lorsque le mal sensible (obstacle au bien sensible) semble impossible à vaincre, la passion de **désespoir** prend le dessus : *cette fois-ci, c'est sûr, elle ne s'intéressera jamais à moi.*

La tristesse est un repliement affectif qui nous désarme totalement jusqu'à nous livrer à l'ennemi : *de toute façon, je suis battu, à quoi bon fuir ?*

Et lorsqu'un mal brise violemment la personne que nous aimons ou le projet auquel nous tenons, alors la **colère** éclate pour écarter le mal avec violence. Elle peut décupler nos forces et nous mettre en totale ébullition, brisant d'un coup de hache nos relations de tous les jours. La personne tout entière se trouve entraînée par cette force destructrice qui veut sauver un bien sensible et remettre de l'ordre.

Il ne dépend pas de nous d'éprouver, ou de ne pas éprouver, nos passions. Il existe des tempéraments qui ont peur de tout comme d'autres qui n'ont peur de rien, des timides et des colériques, des fonceurs et des flegmatiques. Il n'y a donc ni faute ni mérite dans ce que nous éprouvons. Par exemple, éprouver de l'antipathie pour quelqu'un ne constitue pas une faute. Par contre, il y aurait faute si l'on proférait des paroles désagréables à l'égard de cette personne ou si on la dénigrait en son absence.

Si nous ne sommes pas responsables de nos émotions, nous avons néanmoins le pouvoir de *choisir* intelligemment de nous y laisser entraîner ou non et d'exercer notre *liberté* sur elles en les freinant et les maîtrisant ; voilà la grande différence entre l'homme et l'animal qui, lui, ne peut que subir ses passions.

L'âme spirituelle, propre à l'humain

Je lis en toi comme dans un livre ouvert, disent les mamans à leur enfant, *je vois tout de suite si tu vas bien ou non. Tu ne peux rien me cacher.* Ces mots, tant de fois mis sur les lèvres des mères et de ceux qui s'aiment, nous disent quelque chose d'important de l'âme spirituelle. Nous connaissons bien le secret du renard confié au Petit Prince : « On ne voit bien qu'avec le cœur, l'essentiel est invisible pour les yeux. » Et ailleurs, du même auteur : « Ce qui fait la beauté des choses est invisible car les yeux sont aveugles. Il faut chercher avec le cœur. » Notre langage, à travers la magie des mots, met au jour deux facultés de l'âme spirituelle : **l'intelligence et l'amour**. L'intelligence, du latin *intus legere*, « lire à l'intérieur », dépasse le sensible et lit à l'intérieur des réalités pour en saisir toute la vérité et la beauté. Pour réaliser cet exercice, l'amour lui tient la main. Impossible de *lire à l'intérieur* d'une personne sans, à la fois, l'accueillir au plus profond de son propre cœur et se donner à elle.

Entrer dans l'univers intime d'une personne, dans ce qu'elle a de plus profond, sans l'aimer relève du viol de la conscience. C'est se poser en juge qui prétendrait saisir, d'un seul coup d'œil, le secret d'une personnalité tout en l'enfermant dans ses jugements erronés. D'ailleurs, ne connaît-on pas réellement que ce que l'on a apprivoisé ? L'amour spirituel ne nie pas le sensible, mais l'assume et le dépasse, pour s'attacher à ce que l'autre est en profondeur, dans ce qu'il a de plus immatériel et de plus spirituel. En écrivant ces mots, je pense à ce couple qui vient de fêter ses soixante-cinq ans de mariage. Après toutes ces années, les époux continuent de s'aimer d'un amour fou ! À quoi sont-ils rattachés l'un et l'autre ? Certainement pas à leur corps affaibli ni à la peau ridée, burinée et sans beauté de leur visage, mais sûrement à cette partie profonde d'eux-mêmes, immatérielle, dépassant la matière et les apparences, d'où sourd un immense amour spirituel, telle une source vive qui coule paisiblement au plus profond de leur cœur ayant conservé une éternelle jeunesse, celle de *l'homme intérieur* qui se renouvelle de jour en jour. Les années ne l'ont pas tarie, mais, au contraire, rendue plus pure, plus abondante, plus lumineuse.

L'âme est le rayonnement de l'être, la source de la bonté, l'élan du cœur, tout ce qui vient du dedans, qui accueille et se donne à l'autre en toute gratuité, sans vouloir le dominer et s'en servir comme une chose. L'amour-passion est captatif. Il cherche à posséder l'autre, à se l'approprier et non à se donner. En réalité, il finit par l'étouffer et le détruire. Celui qui aime ainsi dépend de ses attraits sensibles et irrationnels. Il n'est pas libre. Tandis que l'amour spirituel est oblatif, créateur de vie. L'abbé Zundel décrit très bien ce mouvement oblatif :

> « Voici notre ami le plus cher ; nous lui serrons la main pour lui donner notre bonjour. À peine réalisons-nous le contact matériel qui s'établit entre nous par ce geste : sa main n'est dans la nôtre que le symbole et le gage de son amitié. Notre intention se porte au-delà, c'est son cœur que nous cherchons. Non point évidemment ce muscle de chair qui bat dans sa poitrine, mais ce cœur spirituel avec lequel il nous aime : ce cœur, qu'on ne peut situer nulle part et que les mains ne saisiront

jamais, ce cœur qui est l'être même en sa source : toute sa vie intérieure et tout le mystère de sa personne. Combien de tragédies d'amour s'exaspèrent dans cette impuissance à saisir ce dedans qu'on ne peut atteindre qu'en renonçant à le posséder, car il est infini comme le rêve d'une pensée libre. Personne ne pourra jamais forcer notre estime, contraindre notre jugement ou violer notre cœur [1]. »

À la lecture de ce texte, une troisième faculté de l'âme spirituelle se dégage des deux premières, **la liberté**. La volonté d'amour intelligente est capable de choisir librement le bien-aimé qui comblera le cœur de l'aimant. Par sa liberté, l'humain reste maître de ses passions et échappe à leur emprise. Il a le pouvoir de choisir librement de ne pas céder à telle ou telle pulsion. Il choisit de donner sa préférence à tel bien particulier, étant orienté par la connaissance qu'en a l'intelligence.

Après avoir réfléchi, délibéré, jugé et choisi ce bien dans son cœur, la *liberté* donne le signal de départ à la volonté et la porte à s'attacher au bien choisi. La liberté est comme la clef de contact que je tourne pour faire démarrer la voiture et me lancer vers la destination choisie. Je ne démarre pas sans savoir où aller, sans avoir au préalable réfléchi au but comme un bien à atteindre.

La liberté n'est pas la première instance qui lance l'homme dans l'action, sinon elle devient le jouet des passions. Dans l'exercice de la liberté interviennent d'abord la connaissance du vrai bien à atteindre et la volonté qui le désire. Elle le fruit d'un jugement réfléchi et d'une tension d'amour vers… [2] Autrement dit, être libre, c'est d'abord

1. M. Zundel, *L'Évangile intérieur*, Saint-Maurice 1951, p. 19-20.

2. La volonté est cette tension d'amour vers l'autre. C'est pourquoi volonté et amour spirituel s'identifient et se rejoignent dans cette même tension, ce même élan, qui porte l'humain vers un autre humain.

aimer, comme le dit saint Augustin : « Aime et fais ce que tu veux ! » que l'on peut paraphraser ainsi : *Si d'abord tu aimes les gens, tu voudras toujours leur bien et tu exerceras toujours ta liberté dans ce même sens. Le contraire serait de t'en servir égoïstement pour ton bien à toi, comme des esclaves au service de tes caprices.*

Si les trois facultés de l'âme spirituelle appartiennent au domaine de l'immatériel, il faut en conclure que la source d'où elles naissent, l'âme spirituelle, est également immatérielle. Les qualités que nous percevons chez une personne, telles que l'écoute, la générosité, l'altruisme, la compassion, etc., nous font dire qu'elle a beaucoup de cœur, une belle âme, une grande profondeur, ce qui suscite en nous la volonté de mieux la connaître et d'entrer en communion avec ellc. Mais la source profonde d'une personne, son noyau personnel, nous échappe continuellement : impossible de la définir vraiment. Elle est un mystère qui nous dépasse et nous comble à la fois. Elle mérite notre plus grand respect.

Pour conclure, j'invite le lecteur à se replonger dans le dessin numéro 1, en annexe, celui de la diligence, en se demandant quel est le rôle de l'âme spirituelle sur les passions. Nous voyons que l'âme, par la volonté d'amour et l'intelligence, harmonise les passions. Lorsque ces dernières sont conduites par le *Moi intérieur*, elles donnent à l'action humaine plus d'éclat et de « flamme », comme la perle dans l'écrin : un discours prononcé avec fougue et enthousiasme touchera davantage le cœur des auditeurs que les mêmes paroles dites de façon monotone.

Certains discours passionnés persuadent plus facilement les auditeurs d'accueillir la vérité du message, mais ils peuvent aussi les endoctriner jusqu'à les pousser au mal, comme nous le rappellent quelques tristes pages de notre histoire.

L'amour-passion, par exemple, devient le véhicule permettant à l'amour spirituel de rejoindre l'être aimé et de lui manifester les sentiments profonds du cœur : paroles de feu, gestes, sourire, étreinte.

Mais la même passion peut également servir des désirs sournois : se servir de l'autre égoïstement, par la séduction, pour satisfaire des besoins purement charnels. La tristesse, qui afflige et replie sur soi, se métamorphose en vertu de compassion qui nous rend plus proches de ceux qui souffrent.

Enfin, une passion, de quelque nature qu'elle soit, représente toujours un appel à la vie qu'il ne faut pas étouffer, mais orienter vers sa vraie direction : un amour plus grand, plus personnel, comme don de soi à l'autre. Les passions niées, refoulées et ravalées en soi par peur de la morale, par exemple, ou dans le but de paraître vertueux au-dehors se vengeront et resurgiront un jour comme une bombe à retardement, explosant ou implosant à l'intérieur de la personne.

Dans les années soixante, nous avons assisté à l'explosion de la libération des passions, tel un lâcher de chiens, qui a trouvé son paroxysme en mai soixante-huit avec le fameux slogan : « Il est interdit d'interdire », et aussi : « Fais l'amour et pas la guerre. » Revendication de toute une société trop longtemps bâillonnée par une morale de l'interdit et de la contrainte, étouffant ces forces vives présentes dans l'individu, n'y voyant qu'une menace pour la société et l'Église. Ce « lâcher des instincts » a petit à petit modelé la société d'aujourd'hui où plus personne ne veut se laisser guider, chacun revendiquant la seule liberté individuelle. Sans points de repères communs issus d'une sagesse séculaire, cette forme de liberté conduit les individus à céder sous la pression des instincts, ne cherchant que leur propre plaisir.

Voilà le paradoxe entre une société qui refuse de prendre au sérieux les passions, les refoulant avant même de les avoir identifiées, et une société qui les lâche sans discernement, en omettant de les canaliser pour les orienter vers un but plus élevé et plus spirituel.

C'est pourquoi il faut toujours respecter les passions en les reconnaissant telles qu'elles se manifestent en nous, les apprivoisant et les intégrant vers leur épanouissement, le don de soi.

L'instinct sexuel, par exemple : si l'homme en devient esclave, il donnera naissance à un comportement totalement bestial, réduisant l'autre en pur objet de jouissance. Tandis qu'assumé par un amour ouvert sur la personne de l'autre, un amour dont l'élan ne veut que son bien, il devient alors l'écrin qui magnifie encore mieux la perle. Le sexe utilisé comme un jouet détruit l'amour, mais porté par l'amour spirituel, il en devient son couronnement.

3. L'homme intérieur, un puissant Souffle divin

L'âme porte en elle cette capacité de se dépasser, d'émerger de la matière, pour aller à la rencontre d'une autre intériorité, d'une autre personne. C'est dans l'amour d'amitié que l'être humain sort vraiment de lui-même, se donnant à l'autre pour se réaliser pleinement. Pourtant, l'amour d'amitié ne suffit pas à nous combler pleinement sur cette terre, il se heurte à des limites. En effet, l'aimé nous fuit et nous échappe sans cesse, et puis il a ses défauts et nous avons les nôtres qui nous limitent d'autant plus. Un jour, enfin, la mort nous séparera.

Le bien le plus aimé en cette vie ne peut nous offrir la totalité du Bien auquel notre cœur aspire.

La Religion apporte à l'homme une réponse à cette soif intarissable de notre cœur par une Révélation venant directement de Dieu. La Révélation judéo-chrétienne dévoile à nos cœurs Quelqu'un, le Dieu de Jésus-Christ, venant combler les désirs les plus profonds de nos cœurs. Ce Dieu d'Amour faisait dire à saint Augustin : « Tu nous as faits pour toi, Seigneur, et notre cœur est sans repos tant qu'il ne demeure en toi ! »

Le livre de la Genèse nous rappelle que l'homme vient de Dieu :

> *« Alors Dieu modela l'homme avec la glaise du sol, il insuffla dans ses narines une haleine de vie et l'homme devint un être vivant. »* (Gn 2, 7)

Quelque chose « d'en haut », le souffle créateur, vient parfaire ce qui est « d'en bas », le terreux. Ce principe de vie, ce Souffle de l'Esprit, l'homme ne pouvait le recevoir que de Dieu. Les hymnes aux Colossiens (1, 12-20) et aux Éphésiens (1, 3-14) nous présentent le Christ Jésus comme l'homme parfait, pleinement uni à Dieu et réalisant parfaitement sa ressemblance avec Dieu, puisqu'il est *« l'image du Dieu invisible »* (Col 1, 15). En se raccrochant au Christ, Icône de Dieu, l'homme découvre ses racines, sa destinée et son chemin. Il décèle tout au fond de lui la marque et l'empreinte de son Dieu, qui le ramènent à Lui.

Le Souffle divin crée *l'homme nouveau, intérieur*. Il porte en lui-même tout ce dont l'humain a besoin pour bâtir sa personnalité appelée à la vie éternelle. En lui, il trouve la lumière qui éclaire son chemin, il puise les dons spirituels qui l'entraînent au combat de la foi, etc.

Les vertus, un bon équipement de combat pour avancer vers le Seigneur

Celui qui veut demeurer fidèle au Seigneur en cette vie doit faire preuve de vigilance (cf. Mt 25, 13) pour ne pas tomber dans les pièges de l'esprit du monde, contraire à l'Évangile et opposé au vrai bonheur de l'homme. Il doit avancer en combattant, les armes à la main :

> *« Revêtez l'armure de Dieu pour être en état de tenir face aux manœuvres du diable. Saisissez donc l'armure de Dieu, afin qu'aux jours mauvais, vous puissiez résister et demeurer debout, ayant tout mis en œuvre. Debout donc ! à la taille, la vérité pour ceinturon, avec la justice pour cuirasse et, comme chaussures aux pieds, l'élan pour annoncer l'Évangile de la paix. Prenez surtout le bouclier de la foi, il vous permettra d'éteindre tous les projectiles enflammés du malin. Recevez enfin le casque du salut et le glaive de l'Esprit. »* (Ep 6, 10-17)

En un mot, ces armes, ces forces de volonté et de caractère se nomment **vertus**.

Dans ses racines grecque et latine, le mot vertu évoque l'idée de force, de courage, d'adaptation à telle ou telle situation. Par exemple, le cavalier vertueux mène son cheval et ne s'accroche pas à sa crinière pour se laisser conduire par lui ; le tireur à l'arc adapte sa flèche à son instrument et ne vise pas la cible en la lançant à la main ; le maçon ne bâtit pas la maison seulement à la force du poignet, mais en utilisant des instruments de pointe, etc.

La vertu s'apprend, s'exerce, s'entraîne, à la manière du sportif qui veut atteindre un haut niveau. Elle s'acquiert par la répétition d'actes bons ; par exemple, celui qui veut acquérir la maîtrise de soi dans ses paroles doit s'exercer à écouter beaucoup et à parler le moins possible, jusqu'à ce que cela devienne une vertu, une attitude naturelle.

Les vertus sont des instruments de l'intelligence et de la volonté : elles nous aident à bâtir notre personnalité sur le vrai et le bien, et à poursuivre notre marche vers le vrai bonheur de l'homme. Elles nous aident aussi à discerner le bien du mal, le juste du faux et à avancer avec courage vers Dieu.

Les vertus humaines se divisent en **vertus intellectuelles et morales**.

Les premières fortifient et éclairent l'intelligence dans sa recherche de la vérité : **les vertus d'intelligence, de sagesse, de science et de prudence** font saisir à l'intelligence, rapidement et avec simplicité, la vérité, allant droit au but [1].

Les vertus morales sont des puissances qui interviennent dans le domaine de la volonté qui agit surtout pour atteindre le but fixé par l'intelligence. Les principales portent le nom de vertus **cardinales**, du latin *cardo*, « pivot, charnière, gond ». Une porte fixée sur ses gonds est plus facile à manier qu'une planche plaquée contre l'entrée d'une maison. Sur ces charnières, nos engagements tournent rond ! Ainsi en est-il des vertus qui permettent à une personnalité de bien agir, d'être à l'aise « sur ses gonds » ou bien « dans ses baskets ». Nous en distinguons quatre : **la prudence, la justice, la force et la tempérance**.

Par ailleurs, d'autres vertus sont infusées dans l'âme, non comme le résultat de l'effort humain, mais comme un don de Dieu, afin d'orienter le désir de l'homme vers Lui. Nous les appelons **les vertus théologales : foi, espérance, charité**.

---

1. Pour une définition plus complète des vertus et des dons du Saint-Esprit, je renvoie le lecteur au *Catéchisme de l'Église catholique*, § 1803-1845.

Les vertus cardinales sont au nombre de quatre :

La prudence vient du latin *prudens et videns*, « voir plus loin », à l'image du navigateur qui voit le cap à tenir et oriente la barre en fonction de ce cap. Éclairant l'intelligence et tournée vers l'agir, la prudence est à la fois une vertu intellectuelle et morale.

Pour la définition la plus simple, retenons qu'elle consiste à *bien penser pour bien agir, afin d'atteindre le but fixé*. Le slogan de la prudence serait : *Réfléchis bien, prends du recul et vas-y, agis avec tact, fermeté et durée.*

La prudence pose deux questions : pourquoi et dans quel but fais-tu cela ? Comment, par quels moyens vas-tu t'y prendre ? Comme exemple d'une démarche prudentielle, je renvoie le lecteur à l'annexe numéro deux.

Dans la Bible, la prudence évoque la sagesse, le discernement, la persévérance, c'est-à-dire la capacité de lire les événements et d'agir à la lumière de Dieu. Pour saint Paul, elle est une sagesse qui permet de discerner ce qui vient de l'Esprit de Dieu et ce qui lui est contraire : *« L'homme spirituel juge de tout. »* (1 Co 2, 15) Finalement, elle est aussi un don de l'Esprit, venant perfectionner notre prudence acquise par l'entraînement, pour l'ouvrir à l'éclairage surnaturel. C'est sous la motion du Saint-Esprit que Jésus voit et discerne les secrets du Père révélés aux tout-petits (cf. Mt 11, 25).

La justice est cette qualité qui nous fait aimer de façon juste. Sans elle, nous aimerions pour ne chercher que notre intérêt personnel, égoïstement. La définition traditionnelle de la justice *est de rendre à chacun ce qui lui est dû*, comme payer sa marchandise, respecter le bien d'autrui, etc. Elle est ce qui règle les rapports entre les personnes.

Pour le chrétien, elle doit dépasser la justice des scribes et des pharisiens pour s'inspirer de l'amour. Elle devient ainsi une qualité du cœur, qui met de la bonté et de la souplesse dans les relations, comme l'huile dans le moteur pour que les pièces métalliques, qui se frottent entre elles, ne prennent pas feu. Tout le monde a droit au respect et à la justice : c'est un dû. Mais mettre de la cordialité dans la justice, c'est toujours ce petit plus capable de changer soudainement une attitude. Par exemple, je peux payer mon dû à la vendeuse du magasin sans sourire ni la regarder. Par contre, le même geste peut s'accompagner d'un sourire, d'un merci et d'un souhait de bonne journée, ce qui change tout.

La vertu de justice est perfectionnée par *« l'Amour de Dieu répandu dans nos cœurs par l'Esprit Saint qui nous a été donné »* (Rm 5, 5).

La force rend capable de vaincre la peur, même celle de la mort, d'affronter l'épreuve et les persécutions.

La force suppose que, tout d'abord, nous acceptions notre propre vulnérabilité, psychique et physique, inhérente à la condition humaine. Elle ne consiste pas à avancer en serrant les dents, mais à prendre conscience de notre faiblesse pour la laisser grandir en nous par notre entraînement au combat. Le sportif qui veut progresser dans sa discipline ne commence pas par mettre la barre au niveau du champion, mais patiemment, à son rythme, il prendra le temps qu'il faut pour avancer tous les jours un peu plus. Saint Paul lui-même évoque ces différentes formes de fragilités, mais sans se laisser vaincre par elles :

> *« Pressés de toute part, nous ne sommes pas écrasés ; dans des impasses, mais nous arrivons à passer ; pourchassés, mais non rejoints ; terrassés, mais non achevés ; sans cesse nous portons dans notre corps l'agonie de Jésus afin que la vie de Jésus soit elle aussi manifestée dans notre corps. »* (2 Co 4, 8-10)

La vertu de force s'exerce également dans la résistance face à l'agressivité, à la tristesse, à l'ennui, à la sécheresse intérieure, tout cela lié aux frustrations, incompréhensions, aux propos malveillants, etc.

Elle nous donne le pouvoir de supporter par amour, et avec la grâce de Dieu, les situations pesantes et ingrates.

Cette vertu s'entraîne en s'efforçant d'aller jusqu'au bout de ses choix et responsabilités, malgré les obstacles qui se dressent sur le chemin.

La tempérance est la vertu morale qui modère l'attrait des plaisirs et procure l'équilibre dans l'usage des biens créés. Elle assure la maîtrise de la volonté sur les instincts et maintient les désirs dans les limites de l'honnêteté.

Synonymes de cette vertu : maîtrise de soi, ordre et mesure, harmonie, self-control.

Elle s'exerce principalement dans le domaine des plaisirs de la table et des instincts sexuels.

La tempérance ne s'oppose pas au plaisir, mais le replace à sa juste valeur. Partager un bon verre de vin entre amis est un plaisir gustatif qui favorise la joie d'être ensemble et de partager un moment de fraternité. Le plaisir sexuel dans le couple enrichit l'amour, comme l'écrin pour la perle, et le conduit à la joie spirituelle. Tandis que le même plaisir, détaché de la communion des cœurs, rabaisse l'état de l'homme à celui de l'animal.

Dans l'éducation sexuelle des jeunes d'aujourd'hui, la vertu de **chasteté**, qui relève de la tempérance, se trouve souvent décriée et tout simplement évincée de l'enseignement, ce qui engendre beaucoup de déceptions par la suite. Elle favoriserait pourtant la réintégration de la sexualité dans une authentique relation d'amour, ouverte sur la joie spirituelle, où chacun se sent exister par l'autre. Une sexualité sans chasteté conduit à une relation purement fusionnelle, où chacun ne recherche que son propre plaisir par l'intermédiaire de l'autre, une relation où les corps se mélangent sans se rencontrer [1].

Les vertus agissent sur les passions et les harmonisent

Comme nous l'avons vu, les vertus s'acquièrent par la répétition d'actes bons. Par exemple, telle personne, dotée d'un tempérament naturellement flegmatique ou paresseux, se détournera tout aussi naturellement des obstacles rencontrés sur son chemin au lieu de les affronter courageusement. Ou au contraire, elle choisira le plus difficile, qui est de résister à son habitude de fuir, pour se jeter de toutes ses forces sur ces obstacles afin de les vaincre. Plus elle répétera ses efforts, et plus elle acquerra la vertu de force.

Sans les vertus, l'individu se contenterait de suivre ses instincts et ses passions comme un animal. Encore faut-il le rappeler, les vertus relèvent de l'humain pour régler et harmoniser les passions relevant de la sensibilité irrationnelle.

L'éducation est indispensable à l'acquisition des vertus, car l'enfant ne peut les développer tout seul. Il a besoin de ses parents, d'éducateurs, de modèles pour le stimuler et lui donner envie de développer ces forces qui reposent en lui, jusqu'au jour où lui-même sera capable d'être son propre maître, car *c'est en forgeant qu'on devient forgeron.*

---

1. L'opposé de la chasteté, du latin *castus*, c'est l'inceste, *in-castus*, qui met en évidence des relations purement fusionnelles de dépendance et de puissance, similaires à celles du tout-petit accroché et dépendant de sa mère comme à une île déserte.

Une autre qualité émanant de la chasteté est la pudeur, ce réflexe qui cache la nudité pour que la personne ne soit pas réduite à son corps comme pur objet de convoitise et de jouissance. La pudeur relève du respect du corps, qui à la fois cache et révèle toute la richesse intérieure d'une personne.

Les vertus n'agissent pas indépendamment les unes des autres, mais collaborent en vue du bien. Par exemple, pour accomplir ce que la justice demande, nous avons besoin de la force, et ainsi de suite.

Voici une situation tout à fait concrète : *Je rentre à une heure du matin ; énervé, je claque la porte et tout le monde se réveille.* Et voici le comportement vertueux : *La prudence me fait réfléchir avant d'entrer dans la maison et de fermer la porte : « Ah ! tout le monde dort », je ralentis ma course et avance à pas feutrés. La justice me fait penser aux autres : « Il ne faut pas les réveiller... » La force me donne la patience de prendre le temps pour faire doucement... La maîtrise tempère le geste de la main sur la poignée de la porte et règle le bruit de mes pas...*

La vertu de tempérance agit sur les passions affectives, tandis que la force opère sur les agressives. Le courage puisera de l'énergie dans la passion d'audace pour foncer et aller au bout de certaines responsabilités, malgré les critiques que celles-ci soulèvent. Ou bien, regardez comment le coureur attaque ses derniers cent mètres ! Mais sans la vertu de courage, l'audace deviendrait un réel casse-cou et mènerait à l'épuisement.

Le courage se sert aussi de la passion de colère pour lutter contre des injustices, défendre la vérité et aller même jusqu'au martyre.

Tandis qu'un trop plein de colère, ou d'agressivité, peut trouver un exutoire dans le sport ou le jeu.

La tempérance se servira d'une trop forte énergie sexuelle pour la mettre au service d'une œuvre artistique, dans le don de soi, pour une grande et juste cause, comme un engagement dans l'humanitaire ou vers un but plus élevé, plus spirituel : Dieu, la prière. La chasteté des religieux *pour le Royaume* ne constitue en rien une négation de la sexualité, mais le déplacement de cette énergie vers Dieu et une multitude de personnes, leur cœur devenant alors le refuge d'une tendresse offerte à tous.

Loin d'être démantelées, les passions deviendront le clavier des vertus sur lequel la personne apprendra petit à petit à exécuter l'hymne à la joie d'une vie harmonisée et comblée.

Le dessin numéro 3, en annexe, illustre l'interaction entre les vertus et les passions.

Les vertus théologales

Les vertus théologales de foi, d'espérance et de charité sont les trois canaux qui nous relient directement à Dieu pour entrer en communion avec Lui. Par ces canaux, Dieu infuse dans notre âme sa vie divine.

Le terme grec traduit par *théologal* (*Theos*, « Dieu », et *logos*, « parole »), indique l'idée d'un *dialogue avec Dieu*, et aussi de *ce qui touche à Dieu et vient de Dieu*. Elle nous fait entrer dans la vie divine. En comparaison avec les vertus cardinales, les théologales sont un pur don de Dieu. C'est Lui qui nous donne la grâce de croire, d'espérer et d'aimer. Elles sont la vie divine en nous :

> *« Si quelqu'un m'aime, il observera ma parole et mon Père l'aimera ; nous viendrons à lui et nous établirons chez lui notre demeure. »* (Jn 14, 23)

Capables par nous-mêmes d'être prudents ou tempérants, nous ne le serions pas de croire, d'aimer et d'espérer, si Dieu Lui-même ne prenait l'initiative de répandre en nous les trois vertus.

La foi est la vertu théologale qui éveille le cœur de l'homme à la présence et à l'amour de Dieu. Elle nous fait expérimenter Dieu comme le Vivant dans notre vie et entrer dans la connaissance divine :

> *« La vie éternelle, c'est qu'ils te connaissent, toi le seul vrai Dieu et celui que tu as envoyé Jésus-Christ. »* (Jn 17, 3)
> Et encore : *« Je leur ai fait connaître ton nom et je leur ferai connaître encore, afin que l'amour dont tu m'as aimé soit en eux, et moi en eux. »* (Jn 17, 26)

Dans l'Ancien Testament, la racine hébraïque de *foi, croire*, traduit l'idée de *porter un nourrisson*, en soulignant l'action bienveillante de celui qui porte et la confiance de celui qui est porté, s'appuyant sans crainte sur la force d'un autre.

Par exemple, au psaume 130, nous lisons : *« Mon âme est en moi comme un enfant, comme un enfant tout contre sa mère. »* Israël, humilié dans l'épreuve et la déportation, peut désormais s'appuyer sur le Seigneur comme cet enfant. Il est impossible qu'une mère laisse glisser son enfant.

Dans d'autres passages, nous trouvons l'idée de *se confier, s'abandonner à l'Amour*. Une autre racine en hébreu, *aman* (qui a donné notre amen), évoque la solidité, la consistance, la stabilité.

Dans la traduction grecque de la Bible des Septante, dans ce même psaume 130, nous lisons le terme *asphaleia*, « solide, qui ne glisse pas, sûr », d'où notre *asphalte*, matière mise sur les routes pour une conduite sûre, afin que le pneu y adhère davantage.

Dans le Nouveau Testament, le verbe grec *pisteuô* exprime aussi la confiance. Saint Jean ajoute toujours « croire en » (*eis*) qui implique un mouvement vers quelqu'un, un engagement de toute la personne, une adhésion de l'être profond, à l'exemple du petit enfant qui court vers son Père pour se jeter dans ses bras en toute confiance (cf. Jn 1, 1 ; 1, 18).

La lettre aux Hébreux compare **l'espérance** à une ancre : *« En elle*, lit-on, *nous avons comme une ancre de notre âme, sûre autant que solide. »* (He 6, 19) Sûre et solide parce que jetée, non dans la terre, mais dans le ciel, non dans le temps, mais dans l'éternité, *« par-delà le voile du sanctuaire »*. Nous avons aussi une autre image de l'espérance, dans un certain sens opposée : la voile. Si l'ancre est ce qui donne au bateau sa sécurité et le maintient stable au milieu des vagues de la mer, la voile au contraire est ce qui le fait avancer et progresser sur la mer. L'espérance fait l'une et l'autre chose pour la barque de notre propre vie. Elle est vraiment comme une voile qui prend le vent et le transforme sans bruit en force motrice qui emporte le bateau, selon le cas, au large ou vers le rivage. L'espérance est cette tension vers un futur toujours possible, et qui s'accompagne de la confiance. Par la foi, l'espérance devient certitude que Dieu réalisera ce qu'Il a promis.

Elle nous fait surmonter l'épuisement, le vide et la tristesse car nous savons que Dieu ne nous abandonnera pas et qu'Il nous portera au-delà des obstacles, et même de la mort !

Elle ne se développe pas à partir de nos prévisions, enquêtes et calculs ; elle nous est donnée directement par Dieu et défie nos calculs. Ce qui était impossible humainement devient possible avec Dieu. Elle nous conduit à vivre un total abandon entre ses mains, sûrs que nous sommes de n'avoir rien à craindre avec Lui.

Le mot **charité** qualifie l'amour spécifiquement chrétien. L'amour-charité est d'abord l'amour divin qui se diffuse dans le cœur du croyant :

> *« Comme le Père m'a aimé, moi aussi je vous ai aimés : demeurez dans mon amour (agapè). Si vous observez mes commandements, vous demeurerez dans mon amour, comme en observant les commandements de mon Père, je demeure dans*

> *son amour... Voici mon commandement : aimez-vous les uns les autres comme je vous ai aimés. Nul n'a de plus grand amour que celui qui se dessaisit de sa vie pour ceux qu'il aime. »* (Jn 15, 9-12)

Ces versets nous donnent la clé des trois formes de l'amour chrétien : d'abord et essentiellement, l'amour naît en Dieu et plus, il est Dieu (cf. 1 Jn 4, 8 ; 16). Cet amour nous est donné pour que, à notre tour, nous aimions Dieu, en demeurant dans son amour (cf. aussi Mc 12, 29-30). Puis il se diffuse de chacun de nous vers notre prochain.

Les dons du Saint-Esprit

En infusant directement dans l'âme vertus théologales et dons, Dieu s'y infuse Lui-même. Nous les recevons au baptême, mais leur croissance est lente, cela dépendra de notre accueil de Dieu durant notre vie. Vertus et dons s'interpénètrent tout en agissant différemment. Par exemple, même si l'espérance est une vertu infuse, nous ne sommes pas dispensés de l'exercer en posant des actes de confiance et d'abandon entre les mains de Dieu. Tandis que les dons sont essentiellement des dispositions à recevoir l'inspiration divine. Si les premiers sont actifs, comme les rames d'un bateau attendant la force des rameurs, les seconds sont purement passifs, comme la voile du bateau ouverte au souffle du vent, qui vient soulager les rameurs. L'exercice des vertus sans l'accueil du Saint-Esprit par ses dons nous conduit à l'épuisement :

> *« Les adolescents se fatiguent et s'épuisent, les jeunes ne font que chanceler, mais ceux qui espèrent en Dieu renouvellent leurs forces, ils déploient leurs ailes comme des aigles, ils courent sans s'épuiser, ils marchent sans se fatiguer. »* (Is 40, 30-31)

Les dons du Saint-Esprit sont au nombre de sept : la **sagesse** perfectionne la charité en nous faisant davantage entrer dans l'intimité divine (cf. Jn 15, 15). Elle nous aide à placer Dieu au centre de notre vie. La **science** nous fait voir le vide et le néant de toutes choses auxquelles nous nous attachons parfois plus qu'à Dieu. Par ce don, nous mettons notre espérance en Lui et non pas dans l'avoir, le pouvoir et la réussite personnelle qui, un jour, disparaîtront. C'est dans ce sens que la science perfectionne l'espérance. **L'intelligence**, qui enrichit la foi, nous fait saisir intuitivement, comme une sorte d'illumination, ce que Dieu nous dit à travers un événement, une rencontre, un verset biblique, par exemple. Le **conseil** enrichit la prudence en nous conseillant, de l'intérieur et de manière surnaturelle, en vue d'agir selon la volonté divine. La **piété filiale** nous donne une plus grande conscience de la paternité de Dieu. Elle façonne en nous la confiance filiale envers notre Père (cf. Rm 8, 14-15). Enrichissant la vertu de justice, elle crée un climat de fraternité parmi les humains. La **force** affermit la vertu de force qui aide le croyant à aller jusqu'au bout du combat de la foi malgré les obstacles du chemin. Par ce don, saint Paul peut s'écrier : *« Je peux tout en Celui qui me rend fort. »* (2 Co 12, 9-10) Le don de **crainte** suscite en nous ce cri d'émerveillement devant le don de Dieu :

> *« L'amour du Christ nous étreint, à cette pensée qu'un seul est mort pour tous et que tous sont morts. Et il est mort pour tous afin que les vivants ne vivent plus pour eux-mêmes, mais pour celui qui est mort pour nous. »* (2 Co 5, 14-15)

Bouleversés devant tant d'amour, ce don nous pousse à faire de notre vie une réponse d'amour au Seigneur, dans la crainte de le perdre. Il enrichit la vertu d'espérance.

Que le lecteur ici se rapporte au dessin numéro 4, en annexe : *la planche à voile*. Il illustre très bien le lien entre l'effort de l'homme et les dons de Dieu. Les « vagues-passions » bien maîtrisées permettent à la planche de rester à flot et de voguer joyeusement !

4. L'âme et la notion de psychisme dans la psychologie moderne

Au Ve siècle avant Jésus-Christ, le principe fondamental de Socrate était : « Connais-toi toi-même. » Pour la philosophie, l'homme a pour tâche de se connaître lui-même en se posant d'abord la question du bonheur : quel est le bien de l'homme, le sens de la vie, le but ultime et son bonheur. Mais ce bonheur est toujours au-delà de sa portée. La psychologie plonge ses racines dans la philosophie, qui cherche les causes premières de l'univers, et se pose la question du but ultime de l'existence. Les XIXe et XXe siècles ont vu naître la psychologie moderne coupée de sa tradition philosophique, évoluant dans un climat purement scientifique.

Avec Freud et l'avènement de la psychanalyse, le *Connais-toi toi-même* s'est déplacé sur le fonctionnement des instances psychiques à l'intérieur de l'homme, en mettant en évidence *l'inconscient*, cette partie secrète du psychisme, où se cache tout un tas de souvenirs anciens et oubliés qui dictent à l'homme son comportement, bien souvent à l'insu de ses décisions libres et conscientes. Cette approche récente de l'homme ne s'intéresse plus du tout au sens de la vie humaine ainsi qu'à son but ultime, Dieu.

Conscient et inconscient

Pour Freud, l'âme humaine se réduit et se définit par le *psychisme* où s'opposent deux domaines : *conscient et inconscient.*

Le conscient est la conscience claire que chacun peut avoir de lui-même tandis que l'inconscient se situe dans la partie souterraine de notre psychisme, au-dessous de la conscience, une sorte *d'oubliettes* contenant des souvenirs pénibles refoulés, des instincts bouillonnants mais inacceptables pour la conscience morale et principalement les pulsions sexuelles, issues d'expériences vécues dans un passé infantile très lointain. Ce réservoir instinctuel continue d'exercer son pouvoir sur notre comportement, mais de manière sauvage et sournoise. Ces pulsions et souvenirs ne parviennent pas à se manifester clairement car, à peine arrivés sur le seuil de la conscience, une censure morale, un garde-fou blindé d'interdits, les renvoie aussitôt à la case départ, dans les oubliettes de l'inconscient, car ils sont considérés comme incorrects.

Ces forces pulsionnelles réprimées se vengeront tôt ou tard en refaisant surface sous le voile de symptômes névrotiques, de troubles du comportement et de mal-être, sans qu'on puisse en identifier la cause, puisque leur point de départ se situe dans l'inconscient.

L'exemple que voici nous aidera à mieux comprendre ce mécanisme psychique.

Depuis que Jacques a pris place dans le même bureau que Robert, ce dernier se trouve très mal à l'aise avec le nouveau venu. Il ne cesse d'éprouver de l'antipathie à son égard, incapable de lui parler sans une légère agressivité, accompagnée de montées de colère sans cesse ravalées. Bref, tout l'énerve chez lui. Robert ne comprend pas...

Un jour, c'est le déclic, l'espace d'une seconde. Robert est en train de revivre un événement pénible de sa vie d'enfant. En effet, le timbre de la voix de Jacques, ses attitudes, l'ont remis en présence d'un maître d'école brutal qui distribuait des gifles pour un oui ou pour un non ! L'enfant de neuf ans subissait ces brimades comme s'il était lui-même réellement et toujours coupable, ne s'autorisant jamais une pensée de révolte. La révolte n'avait pas voix au chapitre parce que, à l'époque, l'enseignant avait de toute façon toujours raison. Nous voyons ici tout le travail de la censure morale : faire en sorte que la colère ne franchisse pas le seuil de la conscience. Pendant les décennies qui ont suivi, Robert se sentait toujours coupable de quelque chose, n'en comprenant pas la cause. Et puis, lors d'un conflit, il finissait toujours par donner raison au plus fort, sans avoir la force de se défendre, ce qui le mettait dans une frustration toujours plus grande. Jacques apparaît comme celui qui a mis le doigt sur ces souvenirs en provoquant le « retour du refoulé », par des attitudes similaires au maître d'école. En présence de Jacques, Robert était saisi d'un malaise, mais sans pouvoir relier cette émotion avec ce souvenir précis. Dès sa prise de conscience, un chemin de guérison a pu commencer.

Toute la théorie de Freud repose sur le combat entre conscient et inconscient, qui enchaîne la liberté en créant un mal-être comme dans le cas de Robert.

Face aux pressions du souterrain psychique, l'individu va développer tout au long de sa vie des blindages et des armes défensives, comme les défenseurs d'un château fort devant une armée menaçante, pour la dissuader d'attaquer et d'entrer dans le château, au lieu de se réconcilier avec son… inconscient !

Ces mécanismes de défense peuvent présenter des comportements extérieurs contraires aux pressions de l'inconscient, pour se conformer aux normes sociales et morales, mais toujours de manière forcée ; par exemple :

– un colérique peut se forcer à se montrer très doux, mais tôt ou tard, il éclatera sous la pression ;

– quelqu'un qui se sent inférieur va manifester des attitudes autoritaristes ;

– le versatile militera pour la fidélité ;

– l'apeuré attaquera avant d'être attaqué ;

– l'exubérant pourra entrer dans le mutisme, pour bien montrer qu'il n'est pas le bavard que l'on pense ;

– le tourmenté sexuel va militer pour la chasteté, ou se protégera dans ses rapports avec les autres, jusqu'à l'inhibition ;

– la personne homosexuelle développera une attitude de dom Juan face aux filles, afin que personne ne découvre qui il est vraiment.

Le schéma numéro 5, en annexe, illustre ce comportement double [1] :

– la partie claire représente le masque social, ce que la personne montre d'elle-même pour être acceptée ;

– la partie semi-ombrée, c'est le conscient qui renverse la tendance, consciemment ou inconsciemment, sous la pression de la censure ;

– la partie ombrée, c'est l'inconscient avec tout ce matériel psychique refoulé ;

– la partie centrale, lumineuse, représente, selon Jung, le réservoir de forces spirituelles inaltérables au cœur de l'homme, et données par la puissance divine. Ces forces

1. Ce schéma a été emprunté au livre de J. Moubourquette, *Apprivoiser son ombre*, Ottawa 2001, p. 46.

spirituelles nous aideront à voir clair, à dépasser les conflits et à nous réconcilier avec l'inconscient, afin de montrer notre vrai visage.

Jung distingue deux sortes d'inconscient qu'il nomme *ombre noire et ombre blanche*, par opposition au moi conscient lumineux. Il est important de laisser la lumière de la conscience entrer dans son ombre pour éviter de s'exposer à toutes sortes de déséquilibres psychiques et de se laisser ainsi emporter par ses impulsions : jalousie, colère mal gérée, ressentiments, inconduites sexuelles, etc.

L'ombre noire résulte de nos instincts refoulés, tandis que *l'ombre blanche* contient tout ce dont nous rêvons, mais que nous ne nous sommes pas autorisés à vivre et qui sommeille au fond de la poubelle de nos rêves : nos talents méconnus et réprimés par l'éducation, par exemple, nos aspirations profondes, notre besoin d'un sens à la vie et de donner une réponse à un appel divin, l'aspiration à vivre telle forme de vie comme la réponse à une vocation religieuse, etc. Tout ce matériel spirituel non exprimé portera ombrage au cheminement personnel.

La psychanalyse consistera à aider le patient à formuler les souvenirs qu'il a refoulés, pour prendre conscience de ce qu'il est et du pourquoi de son comportement. L'interprétation des rêves dans ces différentes approches prendra une place prédominante, car le rêve manifeste, sous forme symbolique, la vie agitée de l'inconscient.

Disons enfin que ces dernières décennies, plus de quatre cents approches psychologiques diverses sont apparues un peu partout. Elles rappellent la complexité du fonctionnement du psychisme, et aussi les limites de ces visions uniquement humanistes.

Évangéliser l'inconscient

Même si la vision psychanalytique de l'homme a le mérite de mettre à jour certaines causes de nos souffrances psychologiques, elle court sans cesse le danger de le réduire à sa seule *psyché*, évacuant de l'âme humaine son ouverture à Dieu et perdant ainsi son identité de créature faite à l'image et selon la ressemblance de Dieu.

En lisant Freud, par exemple, nous sommes frappés de nous trouver en présence d'une nature humaine tourmentée et étrange, devenue le jouet de pulsions et de forces obscures, quasi démoniaques parfois, conséquence de frustrations refoulées, de souvenirs enfouis et mal digérés qui remontent à la surface de la conscience, camouflés derrière des chapes d'angoisse, de culpabilité et de troubles de toutes sortes. Une nature humaine laissée à ses seules forces, avec cette brassée de symptômes qu'il faut comprendre et décoder, sous le regard froid du psychanalyste… Un psychisme sans Dieu, livré en pâture à son propre néant ! Si Freud a eu le mérite de mettre le doigt sur ces zones obscures de notre personnalité, sa faiblesse est d'avoir expliqué tout l'homme à partir de là.

Nos profondeurs, notre inconscient tout autant que notre conscient, sont appelés à être visités par le Seigneur et vivifiés par les dons du Saint-Esprit : intelligence et science qui éclairent nos souvenirs refoulés ; don de piété filiale qui nous aide à nous accueillir tels que nous sommes, avec des instincts tordus ou déchaînés… ce moment de vérité sur nous-mêmes, mais qui ne fait plus peur ; don de conseil indiquant la voie à suivre ; don de force pour persévérer dans ce combat spirituel. Les vertus collaborent également à cette thérapie psycho-spirituelle pour retrouver un cœur pacifié et empli de Dieu.

Mais, la plupart du temps, nous avons peur de laisser le Seigneur visiter tous les recoins de notre personnalité, parce que nous pensons qu'Il vient vers nous en inquisiteur. Telle n'est pas l'attitude de Jésus, comme nous le confirme saint Jean dans les lignes qui suivent.

Dans l'entretien avec la Samaritaine (Jn 4), de manière subtile, Jésus entrouvre l'inconscient de la femme qui vient puiser de l'eau.

La discussion évolue autour d'un puits, symbole de nos profondeurs.

En réalité, ce n'est pas Jésus qui a besoin de trouver de l'eau, mais son interlocutrice, car sa vie est aussi stérile qu'un désert ! Le fond de son cœur est sec, à l'image d'un puits ensablé dont l'eau ne peut jaillir ; d'où la parole de Jésus :

> *« Si tu savais le don de Dieu et qui est celui qui te dit : donne-moi à boire, c'est toi qui aurais demandé et il t'aurait donné de l'eau vive. »* (Jn 4, 10)

Comprenons : *Si tu savais ce don de Dieu en toi, capable d'éclairer et de dénouer la cause de tes problèmes, si tu Le connaissais, c'est toi qui Lui aurais demandé d'agir dans ta vie.*

Et la femme répond : « *Mais le puits est profond…* oui, j'ai peur de descendre en moi, peur de ce que je vais découvrir ! »

Avec une immense patience, Jésus poursuit le dialogue en lui faisant sentir toute la force de ce don d'amour, capable de combler son cœur, telle une source jaillissante de vie.

Mais d'abord, il faut rejoindre ce qui fait mal, aller dans les profondeurs de son cœur et lui permettre de dénouer cette jungle d'instincts et de sentiments embrouillés :

> *« Va, appelle ton mari et reviens ici. La femme répondit : je n'ai pas de mari. Jésus lui dit : tu dis bien : je n'ai pas de mari ; tu en as eu cinq et l'homme que tu as maintenant n'est pas ton mari. »* (Jn 4, 16-18)

Voilà donc le nœud du problème : quelles sont ces forces inconscientes, obscures et blessées, qui ont poussé cette femme vers tous ces hommes sans trouver le véritable amour ? Même si le texte ne nous dit pas comment Jésus, concrètement, a fait jaillir une vie nouvelle dans son cœur, il nous suggère néanmoins quelques pistes :

– la Samaritaine a pris conscience de ce qu'elle vivait réellement : *« Venez donc voir un homme qui m'a dit tout ce que j'ai fait, ne serait-il pas le Christ ? »* (Jn 4, 29.) ;

– à partir de là, un chemin de guérison commence en laissant Dieu agir dans sa vie et entrer dans son histoire personnelle, et non à l'extérieur d'elle-même : *« Mais l'heure vient, et c'est maintenant, où les vrais adorateurs adoreront le Père en esprit et en vérité. »* (Jn 4, 23) Adorer, c'est vraiment respirer Dieu et le faire passer dans toutes les couches de son être, petit à petit ;

– *« La femme, abandonnant sa cruche, s'en fut à la ville. »* (Jn 4, 28) Une cruche vide pour dire qu'elle n'en a plus besoin, parce que, à l'intérieur d'elle-même, une source jaillit… Le don de Dieu qu'elle laisse agir va réorienter son désir vers un amour vrai, une manière juste d'aimer, transformée par ce don de Dieu.

Voilà comment le Seigneur nous visite, avec beaucoup de délicatesse, dénouant nos nœuds affectifs, faisant jaillir le don de Dieu et émerger nos talents emprisonnés. Dans le schéma numéro 4, j'ai essayé de représenter le conscient et l'inconscient, plongeant dans le secret et, parfois, les ténèbres de notre personnalité, et mis à la lumière.

Caractère et tempérament

Le caractère est ce qui nous caractérise. Il résume la manière dont une personne réagit habituellement dans une situation donnée. On dit alors qu'elle possède tel ou tel trait de caractère. Par exemple, on dit d'une personne qui aime faire plaisir aux autres qu'elle est généreuse, altruiste. Quelqu'un qui tient rigueur aux autres pendant longtemps des griefs exprimés à son encontre sera qualifié de rancunier. Le caractère est également le résultat de la manière dont la personne gère, assume et harmonise ses passions et émotions.

> « C'est (aussi) le donné de départ. Wolfgang Amédée Mozart n'est pas que le fruit de l'éducation de son père Léopold, si bon musicien soit-il : tout enfant ne peut pas à sept ans retranscrire, après une seule audition, les sept voix du *Miserere* d'Allegri…
> Le tempérament, lui, implique quelque chose à tempérer. Or, qu'est-ce qui est à tempérer, sinon le caractère ? Le tempérament est donc ce que je fais, par les conditionnements qui m'entourent, mais aussi par l'éducation vertueuse de mon caractère. Certes, le caractère n'est pas modelable à l'infini, mais il dépend de moi de le maîtriser et de l'achever… Ne confondons pas caractère et tempérament, même si le second se fonde sur le premier : je suis bien plus ce que je veux devenir que ce que je suis à l'origine. Le caractère est moins un capital qu'une semence ; et la meilleure semence ne germe et ne fructifie pas si on ne laboure pas et si on ne veille pas jalousement sur elle [1]. »

Comme il est alors vrai de dire que *tu n'es pas responsable de la tête que tu as, mais de la tête que tu fais*. Le donné de départ peut évoluer, grandir, s'améliorer par l'exercice des vertus et les dons du Saint-Esprit.

---

1. P. Ide, *Construire sa personnalité*, Paris 1991, p. 37.

Personne n'est figé ou réduit à ses traits de caractère comme s'il n'avait plus rien à découvrir de lui-même ni à conquérir. Le caractère finalement n'est que la pointe de l'iceberg de tout ce bouillonnement de vie à l'intérieur de chaque individu, qui tente d'en canaliser les énergies pour bâtir sa personnalité.

En suivant l'étude des caractères du psychologue *Le Senne* [1], (annexe numéro 6), j'ai rapporté, à titre d'exemple, un essai de classification des caractères selon huit types principaux.

Peut-être que le lecteur se reconnaîtra dans tel ou tel type ? Mais cela à titre purement indicatif, car ces tableaux ne définissent pas une personnalité et surtout pas *ma* personnalité. Ces traits de caractère ne sont que l'expression de ces instincts, à l'état brut et à l'état libre, qui essaient de s'imposer et de dessiner notre manière d'être.

Mais nous sommes plus que nos instincts, avec cette capacité de nous dépasser et de nous améliorer par l'exercice des vertus.

Au lecteur lui-même ici de chercher la ou les vertus correspondant le mieux à son type de caractère.

Avant de conclure ce chapitre, le lecteur peut consulter le dessin numéro 7 en guise de synthèse.

---

1. Voir dans R. DEMAZIÈRE, *Le caractère par l'écriture*, Genève 1978 ; J. GIRARDON, *Tempéraments et caractères*, Genève 1978.

II

Tes pauvretés, tu peux les dépasser

Bien des obstacles nous empêchent d'être nous-mêmes, étouffant la vie divine qui veut se diffuser en nous. Nous sommes limités par notre caractère, notre sensibilité, notre péché. Comme des bêtes sauvages qui combattent notre liberté, nous subissons bien souvent toute cette vie instinctuelle et passionnelle qui bouillonne en nous. Nous nous sentons parfois comme coupés en deux.

1. L'homme coupé de Dieu, l'homme coupé en deux

L'homme d'avant la chute (cf. Gn 2-3) est en totale harmonie avec Dieu et avec lui-même. Ses passions enrichissent sa vie relationnelle avec le milieu qui l'entoure. Après la chute, l'homme coupé d'avec Dieu a perdu le contrôle de lui-même. Ses passions entrent en conflit avec lui comme des forces irrationnelles et sauvages. Cette déchirure dans l'humain, saint Paul la traduit ainsi :

« Effectivement, je ne comprends rien à ce que je fais : ce que je veux, je ne le fais pas, mais ce que je hais, je le fais... Car je sais qu'en moi – je veux dire dans ma chair – le bien n'habite pas ; vouloir le bien est à ma portée, mais non pas l'accomplir, puisque le bien que je veux, je ne le fais pas et le mal que je ne veux pas, je le fais... Car je prends plaisir à la loi de Dieu, en tant qu'homme intérieur, mais dans mes membres, je découvre une autre loi qui combat contre la loi que ratifie mon intelligence. » (Rm 7, 15-23)

En fait, ce qui était beau, ce qui donnait à la nature humaine toute sa beauté, devient son ennemi.

Les passions créent un tel besoin de satisfaction immédiate qu'elles se servent du péché pour cela. Par exemple, le désir, le plaisir et l'amour se transforment en une bête féroce cherchant à dévorer l'autre au lieu d'être au service du don de soi. Coupé de Dieu, l'homme ne sait plus où il va et connaît ainsi la peur de la mort, de la finitude et de sa propre fragilité. Déchiré en deux, il se retrouve dans un monde hostile et étranger, à l'extérieur comme à l'intérieur de lui-même.

2. « Ce n'est vraiment pas de ma faute ! » : le péché originel

Cette déchirure en nous-mêmes, nous la constatons tous les jours. Mais à qui la faute ?

J'entends encore ces deux grand-mamans parler d'Adam et Ève :

– Tu ne trouves pas que ce n'est pas normal qu'à cause de ces deux-là, nous, on a hérité d'un tas de malheurs !?

– Tu sais, si nous avions été à leur place, on aurait fait exactement la même chose !

Voilà de la théologie arrachée au bon sens campagnard ! Au sujet du péché originel, le *Catéchisme de l'Église catholique* ne peut que confirmer et expliciter un peu plus longuement cette saine réaction :

> « L'homme, tenté par le diable, a laissé mourir dans son cœur la confiance envers son créateur et, en abusant de sa liberté, a désobéi au commandement de Dieu. C'est en cela qu'a consisté le premier péché de l'homme. Tout péché, par la suite, sera une désobéissance à Dieu et un manque de confiance en sa bonté. » (§ 397)

Se prenant lui-même pour Dieu, l'homme a cru pouvoir tout gérer et comprendre par lui-même sans plus se référer à une instance supérieure, le Créateur. C'est comme si l'on demandait à un enfant de quatre ans de diriger un orchestre : cela donnerait une véritable cacophonie ! Autrement dit, il plongerait les musiciens dans une totale confusion.

Sommes-nous si loin aujourd'hui de cette réalité ? L'homme sans Dieu ne lance-t-il pas le monde dans une confusion toujours plus grande entre le bien et le mal ? Les armes toujours plus sophistiquées qu'il fabrique représentent un bien, un progrès, et pourtant elles tuent, elles détruisent des pans d'humanité ; les millions d'interruptions de grossesse pratiquées chaque année dans le monde se légalisent un peu partout et sont vues comme un progrès, un soulagement ou une libération pour la femme, et non plus comme une atteinte à la vie ; la recherche du bonheur se réduit à la satisfaction des désirs et plaisirs immédiats, et non pas à l'humble et patiente quête spirituelle du vrai bien qui, finalement, n'est rien d'autre que Dieu Lui-même.

Il est bien vrai que, non seulement, *on aurait fait exactement la même chose*, mais qu'aujourd'hui encore, nous faisons la même chose !

Pour la théologie catholique, *la chute* marque cette toute première rupture de l'humanité avec Dieu, et l'homme de tous les temps y est impliqué par solidarité, car « tout le genre humain est en Adam comme l'unique corps d'un homme unique » (CEC § 404). La rupture de la communion avec Dieu a retenti sur toute l'humanité, privée dès lors de la lumière et de la force divines pour atteindre le véritable bien.

Le Christ, nouvel Adam, va, petit à petit, redresser l'homme pour le remettre debout, en face de ses responsabilités d'homme, créé à l'image de Dieu et appelé au bonheur, même si certaines conséquences entacheront toujours sa nature. Si nous sommes solidaires du premier homme, Adam, nous sommes aussi solidaires du nouvel Adam, le Christ, venu tout réparer et guérir la nature blessée :

> *« Car si par un seul homme, par la faute d'un seul, la mort a régné, à plus forte raison, par le seul Jésus-Christ, règneront-ils dans la vie ceux qui reçoivent l'abondance de la grâce et du don de la justice. Bref, comme par la faute d'un seul, ce fut pour tous les hommes la condamnation, ainsi par l'œuvre juste d'un seul, c'est pour tous les hommes la justification* [c'est-à-dire la communion retrouvée avec Dieu] *qui donne la vie. De même en effet que, par la désobéissance d'un seul homme, la multitude a été rendue pécheresse, de même aussi par l'obéissance d'un seul, la multitude sera-t-elle rendue juste… là où le péché a abondé, la grâce a surabondé. »* (Rm 5, 17-21)

Quelles sont ces conséquences pour la nature humaine affaiblie ?

– La division entre les facultés sensibles et spirituelles de l'âme : les passions combattent l'esprit ; en effet, nous dit saint Paul, *« la chair* (les passions) *en ses désirs s'oppose à l'Esprit et l'Esprit à la chair ; entre eux c'est l'antagonisme ; aussi ne faites-vous pas ce que vous voulez »* (Ga 5, 17).

Les passions et les émotions de la sensibilité ne sont plus soumises à l'intelligence, mais fortement inclinées au plaisir déréglé et à la colère, source d'injustices de toutes sortes ;

– De là l'orgueil, l'oubli de Dieu, l'égoïsme sous toutes ses formes ; souvent un gros égoïsme presque inconscient, qui veut à tout prix trouver le bonheur ici-bas, sans aspirer plus haut ;

– Division dans le couple (cf. Gn 3, 16) ;

– Division dans la famille et dans l'humanité tout entière (cf. Gn 3-11) ;

– Division de l'homme avec la nature, la création (cf. Gn 3, 17-19) ;

– La mort fait son apparition, ressentie comme une injustice (Gn 3, 20) ;

– Intelligence obscurcie et volonté affaiblie, mais ces deux manifestations de l'âme spirituelle ne sont pas détruites ; l'intelligence n'a pas perdu sa quête de la vérité, et la volonté sa soif d'un bonheur qui dépasse tous les bonheurs terrestres.

Attentifs à cette énumération, notre espérance, pourtant, c'est le Christ, nouvel Adam qui nous tend la main au quotidien. C'est dans cette direction que nous devons regarder. Loin de vouloir fouiller la cause de nos malheurs d'aujourd'hui dans un passé qui nous échappe, c'est en lui que résident toutes les réponses et que s'ouvrent de nouveaux chemins.

Quand nous sommes au volant de la voiture, nos yeux ne restent pas fixés sur le rétroviseur, mais plutôt sur le pare-brise pour voir la route devant soi et non derrière. Un regard rapide sur le rétroviseur, au moment d'un dépassement par exemple, s'avère utile et nécessaire, mais ensuite, il faut le replacer sur le devant, sinon bonjour les dégâts !

De même, les réponses qui nous aident à avancer ne sont pas derrière, mais devant, là où le Christ nous précède, tout en marchant à nos côtés.

3. Quand les vertus *dévissent* et deviennent des vices

Cet arrière-fond de fragilité humaine prépare le terreau sur lequel naîtront les péchés personnels, qui se serviront des passions pour provoquer bien des ravages, car :

> « Les passions sont moralement bonnes quand elles contribuent à une action bonne, et mauvaises dans le cas contraire. La volonté droite ordonne au bien et à la béatitude les mouvements sensibles qu'elle assume ; la volonté mauvaise succombe aux passions désordonnées et les exacerbe. Les émotions et sentiments peuvent être assumés dans les **vertus**, ou pervertis dans les **vices**. » (CEC § 1768)

Les vertus utilisent les passions dans le sens du bien, mais quand les vices les *dévissent* et prennent leur place, les passions deviennent des armes destructrices.

Les mécanismes du péché

Le péché vient d'une confusion : l'intelligence juge comme *bien* quelque chose qui, en réalité, est un *mal*. Et la volonté se porte vers ce bien qui n'en est pas un.

Pour le brigand qui tue quelqu'un pour de l'argent, le bien c'est l'argent, mais le mal est grave. Sa volonté a voulu un bien inférieur à la vie du passant.

Le bien de la vengeance, c'est d'assouvir sa haine et trouver un soulagement, mais en réalité, les dégâts qu'elle cause sont plus graves que ce semblant de paix retrouvée.

Les mouvements irrationnels des passions faussent le jugement de l'intelligence. Par exemple, *le colérique qui éclate comme un volcan, puis se morfond d'avoir éclaté et proféré des insultes sous la pression de la colère. L'angoissé qui n'ose pas dire ce qu'il pense, mais juge intérieurement de manière purement subjective. Le violeur qui ne peut plus contenir sa pulsion sexuelle exacerbée.*

Mais alors, suis-je vraiment responsable de ce qui ne va pas ?

Péché vient du latin *peccatum*, « faute » ; en grec, le même mot se dit *hamartanô*, qui veut dire « manquer le but », volontairement ou non, par erreur ou par ignorance. Nous retenons cette deuxième définition pour la suite de cet exposé.

Imaginons ce que cela donne sur un terrain de foot. Le joueur numéro 6 s'approche des filets :

1. il marque le but, et c'est la joie de l'équipe et des supporters ;
2. son intention profonde est de marquer le but, bien sûr, mais, par manque d'expérience, le ballon passe à côté ;
3. pris de panique par peur de l'échec, il tire à côté à cause de ses mouvements désordonnés ;
4. n'ayant pas écouté les instructions de l'entraîneur, et jouant en solo, le ballon passe à côté ;
5. son intention profonde est de faire perdre son équipe, volontairement il rate le but.

Sur cette échelle de 1 à 5, la responsabilité du joueur diminue, augmente, est totale ou quasi nulle. Au point 5, son intention profonde est perverse et il agit en toute connaissance de cause, sans scrupule.

Au point 2, la faute est imputée au manque d'entraînement et la responsabilité diminue nettement. Au point 4, la responsabilité augmente, puisque l'intelligence a refusé volontairement les instructions, mais son intention était bonne. Au point 3, la passion de peur l'a complètement déconcentré, malgré son intention de marquer le but ; ici, la responsabilité est quasi nulle.

Pour évaluer la gravité et responsabilité d'un péché, il faut tenir compte de **l'intention, de l'acte en lui-même et du but**.

Par conséquent, le péché peut s'enraciner dans l'intention et détourner ainsi la volonté de son but, le bien à atteindre. Comme l'intention était perverse, en toute connaissance de cause, l'acte de la volonté sera mauvais, ainsi que le but. L'intention peut être bonne, mais le péché peut se servir des passions pour détourner la volonté de sa cible ; dans ce cas, l'intention reste bonne, tandis que l'acte et le but sont mauvais. L'ignorance peut être aussi cause d'une action mauvaise de la volonté. Tous ces exemples mesurent la responsabilité d'un acte volontaire.

Ainsi, l'homme pèche :

– par ignorance : *Je ne croyais pas faire le mal, je ne savais pas !*

– en toute connaissance de cause : l'intelligence sait que c'est un mal et la volonté se porte librement vers ce faux bien ;

– par un aveuglement dû aux passions ; celles-ci se déchaînent et paralysent l'esprit, d'où l'impossibilité de raisonner (cf. Rm 7). Si les passions aveuglent la raison, le péché se sert alors des passions pour se manifester : colère, violence, haine, perversion sexuelle due au péché, au désir de luxure sans qu'il y ait une pathologie de la sensibilité ;

– par une volonté définitivement perverse qui choisit délibérément le mal, contre la loi de Dieu et de l'Esprit.

Par exemple, *la non participation à la messe du dimanche peut résulter d'un refus conscient de Dieu et de son amour en toute connaissance de cause, mais aussi de négligence, de paresse ou simplement d'ignorance : qui n'a jamais réellement rencontré Dieu dans sa vie ne peut avoir faim de sa présence et de ses grâces eucharistiques.*

Ceci nous amène à la définition du péché proposée par le *Catéchisme* :

> « Le péché est une faute contre la raison, la vérité, la conscience droite ; il est un manquement à l'amour véritable, envers Dieu et envers le prochain, à cause d'un attachement pervers à certains biens... Le péché se dresse contre l'amour de Dieu pour nous et en détourne nos cœurs... Le péché est ainsi l'amour de soi jusqu'au mépris de Dieu. » (CEC § 1849-1850)

Les péchés naissent toujours dans le cœur de l'homme :

> « La racine du péché est dans le cœur de l'homme, dans sa libre volonté, selon l'enseignement du Seigneur : "*Du cœur en effet procèdent les mauvais desseins, meurtres, adultères, débauches, vols, faux témoignages, diffamations. Voilà les choses qui rendent l'homme impur.*" (Mt 15, 19-20) Dans le cœur réside aussi la charité, principe des œuvres bonnes et pures, que blesse le péché. » (CEC § 1853) [1]

Vices et vertus

Si la vertu est une disposition à bien agir par la répétition d'actes bons pour atteindre le bien, le vice, du latin *vitium*, « défaut », est une disposition à mal agir par la répétition d'actes mauvais pour viser le mal.

Par exemple, l'adolescent qui se met à fumer sporadiquement pour faire comme tout le monde, ou par simple

1. Sur la diversité des péchés et leur gravité, voir le *Catéchisme de l'Église catholique*, § 1852-1869.

curiosité, commet un acte mauvais, un péché. S'il persévère dans son action jusqu'à ne plus pouvoir se passer de tabac, ses actes répétés deviendront un *vice*, le vice du fumeur.

Il en est de même pour celui qui, par simple curiosité au départ, visitera des sites pornographiques sur internet et se verra soudainement entraîner dans une telle dépendance servile à ces images qu'il cherchera à tout prix à passer à l'acte. Le péché, l'acte mauvais répété, a d'abord stimulé et cravaché la pulsion sexuelle, la détournant de son but, l'amour oblatif, pour l'orienter vers une satisfaction immédiate et égocentrique. Et voici le vice bien *vissé* dans l'intention et dans la volonté détournée du vrai but.

C'est ce que nous dit de façon précise le *Catéchisme* :

> « Le péché crée un entraînement au péché ; il engendre le vice par la répétition des mêmes actes. Il en résulte des inclinations perverses qui obscurcissent la conscience et corrompent l'appréciation concrète du bien et du mal. Ainsi le péché tend-il à se reproduire et à se renforcer, mais il ne peut détruire le sens moral jusqu'en sa racine. » (CEC § 1865)

Par conséquent, il nous faut faire une distinction entre *péché* et *vice*.

Le vice, c'est un *mauvais pli* donné à notre volonté par répétition d'actes mauvais, les péchés. On dira de quelqu'un qu'en fréquentant tel milieu ou telle personne, il a pris un *mauvais pli* et que depuis, il ne cesse de provoquer et d'agresser ses proches.

L'agression est l'acte concret du péché, quelque chose que l'on repère facilement, tandis que le vice apparaît comme plus diffus, sournois et intérieur. Les vices sont une maladie, une corruption de l'âme qui incline au péché. On dira aussi qu'ils sont une tendance à faire concrètement telle action mauvaise.

En réalité, le vice est une disposition à l'acte et le péché est l'acte.

La tradition catholique nous propose une liste de sept vices principaux, les *péchés capitaux* :

> « Les vices peuvent être rangés d'après les vertus qu'ils contrarient, ou encore rattachés aux péchés capitaux... Ils sont appelés capitaux parce qu'ils sont générateurs d'autres péchés, d'autres vices. » (CEC § 1866)

En voici donc la liste :

L'orgueil : centre toute la vie sur soi alors que le Christ donne sa vie pour les autres. Les actes concrets de péché peuvent être : le besoin d'avoir toujours raison, qu'on parle de soi, d'être reconnu, ne pas supporter d'être contredit, être déprimé à la moindre remarque, etc. **L'avarice** : s'attache immodérément aux biens, jusqu'à les préférer à Dieu. **L'envie** : désigne la tristesse éprouvée devant le bien d'autrui et le désir de se l'approprier. **La colère** : est ici un mouvement d'autodéfense qui ne se contrôle plus, d'où violence, cris, injures. **L'impureté ou la luxure** : est une sexualité en dehors de l'amour, qui recherche un plaisir égoïste. **La gourmandise** : désigne un appétit désordonné de la nourriture corporelle, une recherche de soi par le plaisir gustatif, en faisant de son ventre un dieu. **La paresse spirituelle** : désigne une répugnance consentie et coupable à l'effort, d'où négligence et oisiveté qui engendrent la nonchalance et la tristesse.

Capital vient du latin *caput*, « tête ». Les péchés capitaux sont des sortes de grosses racines avec des quantités de ramifications, ou encore des chefs à la tête d'une armée de vices. Un vice capital peut entraîner tous les autres péchés capitaux et détourner ainsi complètement l'homme de Dieu, par exemple la luxure, le plaisir sexuel : pour satisfaire ses pulsions, un conjoint adultère sera prêt à mentir, sacrifier son devoir de parent, mettre son travail en péril, sa réputation en danger et finalement à y perdre son âme. Voilà comment la luxure est dite capitale, car elle va générer une quantité d'autres péchés.

Mais ici se pose une question incontournable et j'entends plus d'un se demander : *Mon Dieu, comment s'attaquer à de tels vices ? N'est-ce pas prétendre détruire un mur de béton à mains nues ?*

Et ils ont raison. Vouloir s'opposer à des *tendances* aussi enracinées en nous, même avec l'aide des vertus humaines, c'est le fiasco assuré !

Comment décider de ne plus être orgueilleux, jaloux, égoïste ou encore *porté sur le sexe*, etc. ? Cela relève de l'impossible. D'ailleurs, saint Augustin ne disait-il pas que « l'orgueil meurt un quart d'heure après la mort » ! Donc, bonne chance !

La vie spirituelle ressemble un peu à l'entretien d'un jardin : lors du désherbage, nos mains n'enlèvent que la partie visible de la mauvaise herbe. Impossible d'en arracher toutes les racines, et c'est pourquoi, comme les broussailles reviennent toujours, il faut recommencer souvent la même opération.

Alors, un conseil : *mieux vaut s'attaquer à la partie visible de nos vices, à nos actes concrets du péché. Les racines, Dieu s'en occupera de manière efficace, par les purifications passives, comme le désherbant chimique qui s'attaque aux racines mauvaises. C'est Lui qui nous purifie par ses grâces infuses, en fonction de la confiance que nous Lui faisons. Lutter contre nos actes mauvais relève du possible, tandis que pour ce qui est de l'impossible, Dieu s'en charge, comme en témoignent les nombreux écrits des saints qui se sont laissé faire et purifier par Dieu, par exemple saint Jean de la Croix, sainte Thérèse d'Avila, sainte Thérèse de*

Lisieux et tant d'autres encore auxquels nous renvoyons le lecteur.

Par exemple, l'orgueilleux s'attellera à ne pas toujours parler de lui-même, ou encore il attendra patiemment que son interlocuteur finisse son propos, au lieu de lui couper la parole à tout moment ; l'égoïste acceptera plus volontiers de se laisser déranger pour rendre un service, au lieu de répondre qu'il est occupé à autre chose ; le charnel mettra un terme à son voyeurisme érotique, etc. À chacun de compléter la liste des exemples…

Si Dieu parfois nous laisse aux prises avec nos *tendances*, c'est justement pour nous faire grandir dans la confiance et l'offrande, pour nous entraîner au combat spirituel. Saint Paul parle d'une *écharde dans la chair* et il aurait bien voulu que le Seigneur la lui enlevât (cf. 2 Co 12, 1-10). Mais le Seigneur lui répondit : *« Ma grâce te suffit ; ma puissance donne toute sa mesure dans la faiblesse. »* (12, 9) La faiblesse offerte à la puissance divine devient source de grâce : *« Car lorsque je suis faible, c'est alors que je suis fort. »* (12, 10) Un jour, nous comprendrons peut-être que c'est grâce à ces combats-là que nous sommes restés fidèles au Seigneur…

4. Péché et responsabilité

Ce n'est pas de ma faute… je suis comme ça et puis c'est tout ! Si tu savais combien j'en ai bavé durant mon enfance, avec une mère malade, souvent alitée, et un père nerveux, le plus souvent absent ! Ils ne m'ont pas donné confiance en moi, voilà pourquoi j'ai ce caractère susceptible et colérique. Je doute toujours qu'on m'aime…

Voilà le style de refrain souvent entendu… Mais n'y a-t-il pas un moyen de se dépasser soi-même, d'aller plus loin que nos vieilles blessures ?

Lors d'une conférence donnée sur la guérison intérieure et sur les blessures de l'enfance, une dame âgée prit la parole :

> « Monsieur l'abbé, quand je pense à ce que moi j'ai vécu dans mon enfance ainsi que toutes les personnes de mon âge… ; nous étions des familles nombreuses avec peu à manger, nos parents nous laissaient seuls dans les montagnes à garder les chèvres ou les vaches pendant de longs mois, et nous n'avions que neuf ou dix ans ! Maman n'avait pas le temps de nous câliner, il fallait tellement travailler pour survivre ! Papa n'était pas souvent à la maison, parce qu'il devait travailler tous les jours dans les mines. Eh bien voyez-vous, nous n'en sommes pas morts pour autant et je suis heureuse de vivre aujourd'hui. Nous n'avons fait que cela : travailler ! Mais la vie était plus saine que maintenant. Alors, quand je vous entends parler des blessures de l'enfance comme vous le faites, ou plutôt de ces petites égratignures, laissez-moi rire ! Aujourd'hui, on en fait un peu trop avec tout ça. Nous, à l'époque, nous n'avions pas le temps de nous regarder et quand ça n'allait pas, on s'accrochait à la chaîne de son chapelet, on passait outre et je n'ai jamais perdu la foi. »

Autre temps, autres mœurs, certes, mais n'y a-t-il pas quelque chose de sensé et de juste dans cette remarque ? À force de trop vouloir remuer le passé, ne risquons-nous pas de ne plus envisager l'avenir avec sérénité ? Cette dame voulait simplement nous dire qu'avec la force de la foi et un caractère ciselé aux vertus morales d'antan, telles qu'elles étaient transmises, il y avait moyen d'avancer et de se dépasser, en regardant droit devant soi, et, enfin, de ne pas perdre la joie de vivre.

Certainement, aujourd'hui, nous sommes devenus plus vulnérables dans une société du *tout-tout de suite* qui, à l'image d'une mère couveuse, se précipite pour satisfaire tous nos besoins égocentriques et soigner le moindre de nos petits bobos, ceci au détriment d'un entraînement aux vertus morales et spirituelles telles que la persévérance, la patience, l'effort, le dépassement des contrariétés, le don de soi, la foi, la charité, etc. Dans la dernière partie de cet ouvrage, nous aborderons de manière concrète et imagée ce qu'est un comportement vertueux et comment développer ces vertus qui nous hissent hors de nos conditionnements, pour trouver en nous-mêmes les ressources dont nous avons besoin, en hommes et femmes responsables, et non pas comme des assistés.

Une autre remarque que j'aimerais faire en lien avec ce qui précède, c'est le danger de réduire trop facilement nos difficultés d'aujourd'hui à la faute de quelqu'un ou de quelque chose d'autre : *Si je suis comme ça, c'est à cause de la société... d'une blessure du passé... de mes parents qui ne m'ont jamais compris... de ma nature trop sensible... d'un nœud affectif inconscient, etc.* Mais jamais *par ma faute ou à cause d'un vice qui me retient captif d'un comportement destructeur.* Certaines approches psychologiques se plaisent d'ailleurs à renvoyer nos mal-être à des causes purement affectives et jamais morales, balayant toute notion de faute morale et, par là, de responsabilité personnelle. L'individu ne fait que subir son problème, devenant ainsi un éternel assisté.

Nos angoisses, nos agressivités, nos peurs ne sont pas seulement la conséquence de refoulements et de nœuds affectifs du passé, mais aussi de nos vices et de nos péchés, de notre volonté libre et consciente à poser tel acte mauvais. Le péché aussi fait mal, blesse et nous blesse quand nous le commettons. L'avarice n'engendre-t-elle pas l'angoisse quasi morbide de perdre, de ne jamais avoir assez ? La jalousie n'est-elle pas la source d'un continuel tourment ? La luxure ne provoque-t-elle pas de terribles brisures dans le cœur des personnes ?

Appelons une blessure, une blessure et un péché, un péché ! Reconnaître son péché, c'est se donner des moyens responsables pour s'en sortir, par l'exercice des vertus et avec l'aide de la grâce du sacrement du Pardon.

Repérer son péché, c'est arrêter de se subir et de subir son passé pour mettre en œuvre sa volonté ; c'est prendre la responsabilité de quitter une situation mauvaise et de réparer, si possible, ce que ce péché a détruit.

Situer ou retrouver le sens du péché, c'est aussi apprendre à aimer dans la vérité, en reconnaissant que nous avons aussi nos torts, pas toujours l'autre ou les autres. C'est encore prendre conscience de nos fragilités, mais aussi de nos capacités de dépassement, de pardon et d'amour plus fort que le mal subi. C'est, finalement, refuser de subir pour offrir et s'offrir, dans l'amour et la confiance en l'autre.

La blessure parfois nécessite le thérapeute pour la guérison, tandis que le péché fait appel à la responsabilité personnelle et au pardon, bien qu'il soit difficile de toujours bien les séparer.

Une dame, dans la quarantaine, vient un jour me demander conseil :

> « Je vis une belle et douloureuse passion. Je suis tombée amoureuse d'un autre homme et je suis prisonnière de cet amour, qui me fait tant de bien pourtant ! Je n'ai rien à reprocher à mon mari, mais voilà, c'est arrivé…
> Mon psychologue m'a dit que je devais aller jusqu'au bout de ma passion pour pouvoir faire le bon choix. N'ayant quand même pas très bonne conscience, comme catholique pratiquante, je suis venue vous demander conseil… »

La réponse m'est venue comme une flamme :

« Je peux comprendre ce que vous êtes en train de vivre. Seulement, je donnerai un autre nom à votre passion en vous disant que c'est un péché ! »

Et je lui dis que, si elle le souhaitait, je lui proposerais le sacrement de la Pénitence qui l'aiderait à faire le bon choix, celui de Dieu, avec l'aide de Dieu…

La personne ne s'attendait pas à une telle réponse. Après un temps de silence, elle me répondit que ma réaction était en train de lui remettre les pieds sur terre et de la poser en face de ses responsabilités. Elle me remercia sincèrement et partit avec la résolution d'aller plus loin qu'une simple prise de conscience !

5. Blessures du cœur

Nous sommes tous des êtres blessés. Il y a les petites blessures de la vie de tous les jours, ces paroles qui nous froissent, ces *coups d'épingle* qui égratignent notre sensibilité, mais dont la douleur s'oublie vite. Par contre, d'autres blessures émergent, plus profondes, venant du cœur : elles nous emprisonnent, nous conditionnent, nous empêchent de trouver notre véritable place dans la vie, d'être bien avec les autres. Il s'agit de toutes ces blessures causées par un rejet, un abandon, un deuil, la rupture d'avec un être cher. Par la suite, elles génèrent l'angoisse, la peur, la révolte, la haine même. La blessure est un manque qui nous mord en profondeur au niveau de l'amour, provoquant une réaction émotive ou affective au niveau de la sensibilité.

Je suis blessé, cela signifie que je me sens rejeté, seul, sans importance, en manque cruel d'amour, d'où la perte de confiance, en soi et dans les autres.

La toute première blessure est causée par le péché originel. Nous venons au monde déjà avec un manque. Tout au long de la vie, celui-ci se caractérise par une continuelle recherche d'être aimé et valorisé, sans jamais en être totalement sûr. Les autres blessures de la vie viennent se surajouter sur cette toile de fond originelle, entretenant le doute et, parfois, aggravant le manque.

6. Les blessures de la sensibilité : agressivité et affectivité

Supposons que vous soyez en train de faire la queue devant le guichet de la gare pour acheter votre billet de train et que, soudainement, vous ressentiez, venant de derrière, une tape sur votre épaule : vous pouvez alors réagir de différentes manières. La première est de l'interpréter, en un quart de seconde, comme une agression : quelqu'un me bouscule ou veut passer devant ! Et vous vous préparez à réagir avec énervement.

Ou alors, cette même tape, vous la percevez comme celle d'un ami qui vous a reconnu et, avant même de vous être retourné, vous en ressentez déjà un immense plaisir.

Deux réactions contradictoires qui révèlent les deux sortes de mouvements ou passions de la sensibilité : l'agressivité (colère, audace, peur…) et l'affectivité (désir, plaisir…). D'ailleurs, ces deux passions ont toujours partie liée, parce qu'elles poursuivent le même but : le bien sensible aimé. L'amour meut la sensibilité et toutes les autres passions supposent l'amour.

a) **L'agressivité**, nous l'avons vu au début de cet ouvrage, fait partie intégrante de l'homme. Elle est une énergie positive au service de la vie. Elle doit s'exprimer.

Par contre, l'agressivité blessée se manifeste par la violence envers autrui ou vis-à-vis de soi-même, violence souvent retournée contre soi.

La parole blessante ou interprétée comme telle, l'attitude ou le geste offensant, sont en général le déclencheur de la réaction agressive violente [1]. Le blocage ou le refoulement de l'agressivité forme les *faux calmes*. Bien des prétendues patiences et douceurs sont d'abord des incapacités à être patients et des colères rentrées. Ces personnes donnent une impression de maîtrise de soi, de réserve, de calme alors que dans leurs actions elles sont timides, bloquées, souvent soumises au chef, avec de la difficulté à prendre des initiatives, pauvres d'idées, dépensant en réalité une folle énergie à refouler leur agressivité. Et quand se produit le *réveil du lion*, justement au moment le plus inattendu, mieux vaut alors ne pas se trouver trop près... Lorsque *saute le bouchon*, plus d'un en est éclaboussé : *Et moi qui le pensais si calme, si à l'écoute, maître de lui, si gentil...*

Prenons le cas de cet homme qui n'avait jamais pu exprimer son agressivité parce que son père colérique lui infligeait des coups chaque fois que son fils manifestait un mécontentement. Pour éviter les sévices, il s'était habitué à ravaler ses larmes. Mais l'étouffement de son agressivité avait fini par le plonger dans une profonde dépression. Adulte, son humeur variait entre des moments de dépression et de violence, entre implosion et explosion. Grâce à une psychothérapie, il apprit à accueillir son agressivité et à l'intégrer à la reconstruction de sa personnalité. Personnage timide et replié, il se lança dans la comédie. Sur scène, il put « s'éclater » positivement.

---

1. Sur ce sujet, voir l'excellent livre de L. BASSET, *Sainte colère*, Paris 2002.

Bien sûr, je ne suis pas en train de faire l'apologie de la violence qui est la perversion de l'agressivité et conduit à la destruction. Une saine agressivité n'est pas le défoulement sur les autres, mais la manière d'affirmer qui l'on est.

Le péché originel reste la cause essentielle de la blessure de la partie agressive.

Nous venons au monde, vulnérables, avec une sensibilité anarchique, plus puissante que la volonté. Toute l'éducation consistera à intégrer ces forces vives dans le dynamisme général de la personne en les soumettant au commandement de l'esprit.

L'éducation est aussi une grande pourvoyeuse de blessures de notre agressivité.

Elle pèche par *trop* ou *pas assez* d'autorité. Le *pas assez* engendrera des enfants dits *impossibles et mal éduqués*, qui n'ont pas de limites, tandis que le *trop* bâillonnera ces forces vives en les verrouillant dans l'inconscient ; c'est le cas des enfants brimés dans leur agressivité par des parents ou autres éducateurs.

L'agressivité fait partie du développement normal du petit enfant : par elle, il manifeste sa présence aux autres et affirme sa personnalité, par exemple en pleurant ou en criant, pour attirer l'attention sur lui.

Une agressivité réprimée et comprise comme un message négatif va développer chez lui un fort sentiment de culpabilité. Se sentant coupable, l'enfant va ravaler sa pulsion agressive, de peur de perdre l'amour des parents.

Le mécanisme de la culpabilité détruit peu à peu l'estime de soi, la confiance en l'autre et en soi-même. Il faudra bien qu'un jour, cette agressivité, trop longtemps bétonnée, éclate quelque part. Si l'individu n'est pas conscient du mécanisme mis en place, il développera un comportement timoré, craintif et agressif, à la fois de repli et d'attaque : lorsqu'il se retrouvera en présence de personnes faibles, il les écrasera et les humiliera, tandis qu'en face d'autres, plus fortes que lui, il se soumettra et se pliera, ravalant sa salive comme autrefois.

Un travail sur lui-même lui permettra de revisiter son enfance et d'apprivoiser peu à peu ces forces vives qui se déchaînent parfois. En écrivant ces lignes, je me souviens de l'histoire du *loup de Gubbio* racontée dans les *Fioretti de saint François* :

> « Un loup sévissait aux abords de la ville de Gubbio, dévorant hommes et bêtes, à tel point que plus personne n'osait sortir des murs de la cité. Bien que la population s'était organisée pour lui faire la chasse, l'animal continuait de faire ses ravages. On pria frère François de faire quelque chose. Le Saint s'approcha du loup, lui fit le signe de la croix et lui parla comme à un frère, lui demandant pourquoi il faisait ainsi du tort aux habitants. Le loup devint aussi sage qu'un agneau et écouta François. Et le problème s'éclaircit : tout simplement le loup était affamé et les habitants, par peur, cherchaient à l'agresser et le tuer. La fin de l'histoire fut que le loup, par des battements de queue, promit qu'il ne ferait plus de mal aux habitants et ces derniers s'engagèrent à le nourrir.
> L'animal devint tellement apprivoisé qu'on dit qu'il rendit même beaucoup de petits services aux citadins. »

Ce loup n'est-il pas la partie agressive, non apprivoisée, en nous-mêmes ? Petit à petit, nous avons à l'apprivoiser, à la connaître, à l'aimer et à l'intégrer dans le dynamisme de notre vie !

b) **L'affectivité** ne se réduit pas à la sexualité, mais cette dernière y occupe une place centrale, si bien que Freud en a fait le moteur de sa fameuse *libido*, énergie psychique instinctuelle, qui porte toute la personne vers une autre, vue comme objet de désir et de plaisir, même si l'inventeur de la psychanalyse confond libido et amour spirituel.

La blessure de l'affectivité vient de cette cassure entre les pulsions, qui recherchent la satisfaction des plaisirs sensibles, et la volonté, qui ne les contrôle plus. La passion noie alors l'intelligence dans l'obscurité et paralyse la volonté. Elle la déconnecte de son véritable bien : l'ouverture à l'autre, au don de soi, au don de la vie, à l'amour oblatif, dont la communion des corps est le couronnement.

La passion finit par se retourner contre le sujet lui-même, le soumettant à ses désirs tyranniques et réclamant des sensations toujours plus fortes jusqu'à l'épuisement, voire l'irréparable.

La sexualité anarchique blesse par excès ou par défaut.

Par défaut, lorsque l'individu a honte de ses propres attirances sexuelles ou qu'il s'en sent coupable. Alors, il les nie et les refoule, comme l'on s'assied sur une marmite bouillonnante. Le couvercle finit un jour par sauter et c'est le *réveil du fauve* ! Une sexualité qui fait peur et qui n'est pas assumée par la personne génère des comportements pseudo vertueux et légalistes, pour se protéger de ces forces inconscientes, vécues comme menaçantes. Les pharisiens scrupuleux et défenseurs acharnés de la morale, mais sans amour ni compassion pour l'entourage, en sont la triste illustration. La condamnation de la femme adultère, telle que saint Jean nous en parle (cf. Jn 8), ne trahit-elle pas chez les pharisiens la tentative de mettre à mort leurs propres pulsions qui ne cessent de frapper avec violence à la porte de leur conscience ? D'où la violence de leurs propos et du geste de mort levé sur la tête de cette femme. Car, voilà le problème, l'amour fait peur parce qu'il met en mouvement les forces conscientes et inconscientes de la sexualité. Alors mieux vaut ne pas aimer pour être tranquille !

Par excès, la sexualité blesse, au nom de la liberté ou plutôt du libertinage, centré sur le plaisir voulu pour lui-même au détriment de l'amour altruiste, ce qui engendre des comportements infantiles, toujours en recherche de plaisir et de jouissance, plongeant finalement les personnes dans l'épuisement et le dégoût de vivre.

> « Il est évident que la passion n'est pas mauvaise, nous dit le père Philippe ; il est bon d'être passionné. Mais la passion devient terrible quand elle étouffe l'amour spirituel. C'est ce qui explique comment l'amour d'amitié peut avorter. Quand l'élément passionnel n'est pas constamment redressé, remis au service de l'amour spirituel, il risque de dominer et il étouffe alors l'amour spirituel. Étouffant l'amour spirituel, on ramène l'autre à soi. Cela explique comment, constamment, certains liens d'amour qui étaient vrais au point de départ peuvent avorter, du fait que l'amour passionnel a tout pris ; on n'a plus recherché que la jouissance ; on n'a plus cherché que le sentiment d'aimer [1]. »

La passion exacerbée finira par étendre ses ramifications dans le terreau de l'envie et de la convoitise, *le péché de la chair* destructeur de toute relation humaine.

> « La convoitise de la chair, nous savons bien ce que c'est : ce sont les passions affectives qui l'emportent constamment sur l'appétit spirituel ; c'est donc un primat du sensible sur le spirituel, qui fait que le spirituel n'a plus assez de force pour lutter… C'est donc un débordement des passions : sensualité au niveau de la gourmandise… et érotisme, sensualité au niveau sexuel, de l'individu relié à l'espèce, à la nature dans ce qu'elle a de plus profond en lui [2]. »

---

1. M.-D. Philippe, *Au cœur de l'amour*, Paris 1987, p. 50.
2. *Id.* p. 288.

7. Les blessures de l'esprit : volonté et intelligence

La volonté est essentiellement capacité d'amour spirituel, oblatif et gratuit, élan de l'âme totalement altruiste qui rejoint la personne comme le bien aimé pour lui-même, faisant vibrer au passage la sensibilité, mais la dépassant vers un but toujours plus élevé et plus profond. Elle est encore l'aspiration à recevoir l'amour des autres dans un échange d'amitié qui fait exister réellement. Et enfin, la volonté est quête de Dieu, désir d'être aimé par Lui et de L'aimer, ce qui faisait dire au saint Curé d'Ars que « la preuve que l'homme est grand, c'est que son âme peut contenir Dieu » !

La blessure vient freiner, ou carrément briser, cet élan d'amour de toute la personne. L'homme d'après la chute, coupé de son origine divine, vit une crise de son identité personnelle : *Qui suis-je réellement ? Suis-je digne d'être accepté, reconnu et aimé ? Suis-je capable d'aimer ? Et puis, d'où est-ce que je viens, quels sont le but et le sens de ma vie ?*

Voilà les doutes qui surgissent dans cet esprit en dysharmonie avec son créateur.

La plus grande blessure d'amour rejoint le besoin fondamental d'aimer et d'être aimé, dont les parents sont le tronc, Dieu les racines, nous les branches. Savoir que l'on nous a désirés et voulus nous confirme dans notre identité personnelle. Être aimé, c'est exister réellement.

Les blessures d'amour les plus connues sont les suivantes :

– l'enfant n'a pas reçu de ses parents l'amour auquel il avait droit ou, pire, il est venu au monde sans avoir été désiré ; il manque alors d'enracinement dans son identité d'homme ou de femme, doutant toujours de lui-même ; en continuelle quête de reconnaissance chez ceux qui l'entourent, il aura de la peine à se donner vraiment aux autres, se disant toujours qu'il est nul et qu'il n'a rien à donner ;

– y fait suite la blessure du besoin de s'affirmer, qui va se détériorer en complexe d'infériorité, que l'individu compense par des instincts de puissance, de domination et de prise de pouvoir sur les autres ;

– blessure liée à la méconnaissance de son origine et de sa finalité, Dieu, ce qui va engendrer des comportements défaitistes et dépressifs durant les traversées de désert qui sont normales dans la vie. Le psychiatre Viktor Frankl n'hésitera pas à affirmer que le quart des dépressions nerveuses de notre société occidentale est qualifié *d'existentiel*, lié à l'absence de sens à la vie et de but transcendant auquel le cœur de l'homme aspire, d'où l'importance des religions qui donnent et situent ce but. Ainsi conclut-il son livre :

> « La grande maladie de notre époque est l'ennui, l'absence de signification et de but. C'est ainsi que l'on pose aujourd'hui au médecin des questions qui ne sont pas d'ordre proprement médical, mais philosophique, et auxquelles sa formation ne l'a pas préparé. Des patients s'adressent au psychiatre parce qu'ils doutent du sens de leur vie, voire désespèrent de trouver un sens quelconque à la vie. Nous ne ferions que suivre un conseil de Kant si nous songions à utiliser la philosophie comme un remède. Si l'on craint d'agir de la sorte, il est fort probable qu'au plus profond de soi-même, on craigne d'être confronté à son propre vide existentiel [1]. » ;

– les blessures liées au don de soi des parents à leurs enfants lorsque, par exemple, leurs enfants les renient, les oublient ou tournent mal ; la blessure s'insinue dans leur esprit comme la certitude d'avoir raté leur mission de parents ;

– les blessures liées à la relation avec Dieu, ce qui se traduit par le sentiment d'avoir été oublié par Lui, d'avoir subi une grande injustice, comme la mort d'un proche.

---

1. V. Frankl, *La psychothérapie et son image de l'homme*, Paris 1970, p. 159-160.

Lors d'une retraite, une dame, dans la soixantaine, me confia son malaise depuis l'enfance de se sentir constamment poussée à regarder les autres de haut en cherchant toujours à les écraser, ce qui avait fait d'elle une personne terriblement seule. Cela sautait aux yeux qu'on avait affaire à un complexe d'infériorité, compensé par un instinct de pouvoir, perçu également comme un péché d'orgueil manifeste. Cette personne ne supportait plus d'être ce qu'elle était, mais ne voyait pas la cause réelle de ce comportement. Me sentant totalement désemparé, je lui proposai de prier. Naturellement, j'ouvris ma Bible au hasard et tombai sur le passage du livre de Jérémie, chapitre 1, que je me mis à lire : « Avant même de te former au sein maternel, je t'ai connu… Comme prophète des nations, je t'ai établi, etc. » *Au même moment, j'entendis cette femme éclater en pleurs, me lançant : « Ma mère ne m'a jamais acceptée et s'est sentie terriblement contrariée quand elle s'est aperçue pour la première fois de ma présence en elle, elle me l'a dit elle-même quand j'étais toute petite ! » Ce passage du prophète venait rejoindre et éclairer la cause de son malaise. Elle comprit dès lors que si sa mère ne l'avait pas voulue, Dieu, Lui, l'avait aimée dès le ventre de sa mère et que, si elle parvenait à accueillir son amour, un nouveau chemin s'ouvrait sous ses pas.*

Je fus émerveillé de constater que Dieu peut rejoindre et éclairer, par sa Parole, certaines causes lointaines de nos blessures d'amour et ce, en déverrouillant les caves de l'inconscient !

Quand **l'intelligence** se détourne de sa vocation, celle d'atteindre la Vérité qui est Dieu, on parlera de blessure de l'intelligence. Rien de plus navrant que cette pression médiatique qui manipule l'opinion publique, utilisant le ressort émotif pour présenter des thèmes chauds comme de la pure vérité. *J'ai lu dans le journal, entendu à la télé, entendu dire que... alors c'est bien vrai !*

N'avons-nous pas découvert tout récemment une tombe avec les os du Christ ? Donc, pas de vraie Résurrection ! Et puis maintenant nous savons que Jésus était marié avec Marie-Madeleine et qu'ils ont eu un enfant ensemble... L'Église a bien caché cela... Finalement, ne s'est-elle pas bâtie sur un nouvel empire romain christianisé dont le pape est l'empereur ? etc.

Les dernières nouvelles à sensations dans la bible des médias nous inciteraient à penser qu'en ce début du XXIe siècle, l'homme a tout compris et peut répondre à toutes les questions ! Toutes les dernières nouvelles cueillies sur le sensationnel, celles qui attirent en gonflant l'émotionnel, distillent un peu partout le doute et la confusion dans les esprits.

L'homme, qui fonctionne et se forme une opinion sous la pression des émotions, est en butte à toutes les modes, fondant son jugement sur des réactions purement subjectives et passionnelles, qui ruinent sa liberté de penser objectivement : *On a entendu, on a vu, on a lu, donc c'est vrai !*

Et voilà l'individu prisonnier des images et des pensées des autres. Bombardé d'images et de paroles, comment peut-il encore connaître la vérité ?

Dans son livre *La dérive émotionnelle*, le philosophe Jean Romain dénonce une société bâtie sur l'émotionnel ou le sensationnel :

> « La dérive émotionnelle a horreur du vide : elle occupe tout l'espace que laisse le recul de la rationalité : en vrac, les vedettes de cinéma ou les top modèles qui épousent la cause des bébés phoques ou des enfants malades ; les infos du cœur qui privilégient les images saisissantes aux commentaires explicatifs ; les grandes soirées télévisuelles où l'on pleure sur telle maladie particulièrement affreuse ; la grand-messe du

Téléthon ou du Sida ; les femmes de présidents qui militent pour la sauvegarde des forêts et des océans en péril, et toutes les vedettes d'un jour qui savent que la vague émotionnelle sur laquelle elles embarquent leur assurera plus de succès que leur petit talent… Mais encore une fois, ces causes sont justes et importantes. Il est bon de s'en inquiéter, mais dans dix ans, lorsque le vent aura tourné, lorsque l'émotion aura épuisé tout son potentiel mobilisateur, qui pourra encore expliquer les raisons qui font qu'il faut combattre l'injustice, le malheur, la solitude, la pauvreté, la maladie ou l'ignorance [1] ? »

Y a-t-il une vérité, dite objective, qui mobilise toutes les forces spirituelles de l'homme vers un bien commun et universel, comblant sa soif d'être et de connaître ? Le bombardement émotionnel blesse l'intelligence en l'empêchant de chercher et de raisonner, lui barrant la voie d'accès à Dieu, chemin, vérité, vie. L'empoisonnement de l'imagination dans les BD et la télé pollue l'intelligence quant au vrai sens de la vie et autres valeurs humaines. La blessure de l'intelligence engendre la confusion, le scepticisme et l'ignorance. Pourtant, même diminuée, elle a gardé sa vocation première d'atteindre Dieu comme Vérité.

Je rencontre un jour G., dans la cinquantaine, qui me laisse ce témoignage tout à fait éloquent :

« Jusqu'à l'âge de douze ans, j'avais une foi simple qui répondait aux aspirations les plus profondes de mon cœur d'enfant : Dieu existait, je pouvais lui parler et il m'entendait, pour moi c'était une évidence. Ma grand-mère m'enseignait tout sur les choses de Dieu, elle avait réponse à toutes mes questions et cela me passionnait. Après cet âge-là, toutes ces évidences s'effritèrent peu à peu, et un jour j'avais définitivement renoncé à croire pour me calquer sur l'esprit du siècle jouisseur et prometteur. C'est dans cet esprit que je me mariai deux fois

1. JEAN ROMAIN, *La dérive émotionnelle*, Lausanne 1998, p. 18-19.

et connus deux échecs matrimoniaux. Je décidai alors de suivre une psychanalyse de longue durée et très coûteuse. Mais cette thérapie ne m'aida pas à quitter ce fond de tristesse qui m'habitait sans cesse. Je n'avais rien ni personne à quoi ou à qui me raccrocher. Je pris alors la décision de me tourner à nouveau vers la religion. Un monastère cistercien m'accueillit pendant une semaine pour réfléchir. La prière des moines m'apaisait, mais sans plus. Mon intelligence et mon cœur restaient vides et secs. Même les discussions et controverses avec les moines les plus cultivés ne me convinrent pas plus que les temps de silence entre ces magnifiques murs très anciens. À la fin de mon séjour, juste avant de partir, le Père Abbé me conseilla de refaire un tour dans la chapelle. Avant de refermer la porte définitivement, je plongeai ma main dans le bénitier pour me signer. Et là, en refaisant ce geste pour la première fois après des décennies d'oubli, je me sentis foudroyé par une certitude : Dieu existe et il t'aime et c'est la seule vérité ! Ma foi d'enfant revint instantanément parce que ce geste de me signer, appris par ma grand-mère, me fit revivre la joie de la foi, celle de mon enfance où tout était simple.
Deux évidences s'imposèrent à moi : ma grand-mère qui avait été le livre de la Vérité, un catéchisme vivant semant dans mon cœur la Présence du Seigneur, et la certitude que tout cela était vrai, que la Vérité était une présence ! »

Ce témoignage éclairant appuie l'idée que la découverte de la Vérité, qui nourrit l'intelligence et comble le cœur, est le résultat d'une humble recherche personnelle : celle-ci se met à l'écoute du silence, loin du bruit des foules et des tapages médiatiques, avec le véhément désir de la trouver. Avec la nécessité de fermer ses yeux et ses oreilles à ce trop plein d'images, de sons et de paroles qui agitent les émotions, ou au moins d'en faire un tri, pour entendre ce qui vient du plus profond de l'âme, telle la soif du cerf altéré qui cherche l'eau vive (cf. Ps 41).

8. Péché et blessure

Nous l'avons vu, nous sommes tous blessés et facilement « blessables » à cause, premièrement, de la blessure originelle.

Il y a ensuite les blessures de notre vie, qui viennent perforer ce tissu déjà fragilisé.

La blessure peut s'infecter, engendrer le repliement sur soi, distiller dans le cœur l'amertume et le fiel de la révolte, la jalousie, et mettre sur nos lèvres les critiques, les insultes et les médisances qui ne sont que le reflet ou la projection sur les autres de nos propres amertumes. La blessure n'est pas toujours source du péché, parce qu'elle est subie alors que le péché est voulu. Quand nous sommes touchés dans notre sensibilité ou plus en profondeur, nous subissons la peur, l'angoisse et le repliement sur soi, sans que cela soit une faute.

Par exemple, après la mort de Jésus, les disciples s'étaient verrouillés dans la maison par peur, geste aussi de repliement (cf. Jn 20, 19-23). De même, les disciples d'Emmaüs s'en retournent chez eux *l'air sombre* (Lc 24, 17). Les amis de Jésus se sentent trahis par le Maître, eux qui espéraient qu'il serait le libérateur d'Israël. Abandonnés et blessés, vivant mal leur deuil, ils s'enferment, abandonnent tout, se laissent gagner par la peur, l'angoisse et l'amertume. La présence du Ressuscité au milieu d'eux chasse toute crainte et ils retrouvent la paix. Jésus est à même de traverser les murs de nos peurs, pour nous redonner confiance et guérir nos blessures.

La faiblesse ainsi reconnue, et offerte à l'irradiation de la lumière du Ressuscité, devient force et puissance.

Il ne faudrait pas attendre l'infection de la blessure pour en parler à quelqu'un, se faire aider, trouver les moyens de la relativiser et de la dépasser. La présenter au Seigneur demeure, bien sûr, la piste privilégiée.

Par contre, le péché, lui, est toujours blessant, entamant ou brisant l'estime de soi. Une parole blessante, par exemple, déclenche un sentiment de nullité et de culpabilité : *Mais qu'ai-je encore fait pour mériter un tel reproche !*

Le péché peut aller jusqu'à provoquer la mort d'autrui : ainsi le meurtre de Caïn, conséquence du péché de jalousie.

Difficile en vérité de bien discerner entre péché et blessure, l'un et l'autre ayant partie liée la plupart du temps.

Seul le regard de Dieu est capable de faire le tri, de distinguer l'ivraie du bon grain, de nous rejoindre, dans la mesure où nous nous offrons au rayonnement de sa miséricorde.

L'épisode de la guérison du paralytique (cf. Lc 5, 17-26) en est le témoignage éloquent : l'impotent étendu sur une civière, porté par des hommes, est descendu du toit au milieu de la foule où se tenait Jésus. Jésus commence par dire au paralytique : *« Tes péchés sont pardonnés. »* (5, 20) Et ensuite : *« Lève-toi, prends ta civière et va dans ta maison. »* (5, 24) Le lien semble clair entre paralysie et blessure. En pardonnant, Jésus guérit *des angoisses paralysantes dues à une faute grave.* Le péché commis blesse et nous blesse simultanément. N'avons-nous jamais éprouvé ce genre de *paralysie* à la suite d'un coup porté sur autrui (en parole ou en geste) ? Parfois, la blessure est plus grave chez l'offenseur que chez l'offensé.

DEUXIÈME PARTIE :

SUR LA LYRE À DIX CORDES ET LE CLAVIER DES VERTUS

I

Tu peux faire de ta vie un chant de confiance au Seigneur

« *"Enlevez cette pierre"*, dit Jésus devant le tombeau de Lazare. Enlevez ce qui empêche le souffle de Dieu de pénétrer dans vos tombeaux. Ouvrez ce qui est fermé en vous. Déposez vos résistances. Quand Jésus demande qu'on enlève la pierre du tombeau de Lazare, Marthe est affolée : *"Seigneur, il doit déjà sentir, il y a en effet quatre jours."* (cf. Jn 11, 39) Jésus s'en moque, il est venu pour entrer là où cela ne sent pas bon, pour ouvrir ce qui est verrouillé, pour guérir ce qui est malade, pour faire revenir à la vie ce qui est mort [1]. »

Qu'avons-nous à ouvrir à Jésus ?

Toutes les pièces de notre vie, celles que nous connaissons et celles que nous ne connaissons pas, du grenier à la cave de l'inconscient où sommeillent des souvenirs enfouis,

1. S. Pacot, *L'évangélisation des profondeurs*, Paris 2000, p. 19.

des blessures, des complexes ou nœuds affectifs, qui *sentent déjà* et polluent ainsi notre jugement. Et puis, toutes les portes blindées, ces couloirs bardés de défenses pour empêcher des regards extérieurs de franchir le seuil de certaines zones de notre personnalité, qui nous font honte et peur. Accepterons-nous au moins que Jésus y pénètre pas à pas, en lui remettant en mains propres la clef de notre liberté ?

Si oui, à la suite de ces lignes, nous laisserons le Seigneur démêler nos émotions, nos passions ou nos pulsions pour les reconnaître, leur donner un nom, le nom juste, sans les craindre, les anesthésier ou les gommer, et sans nous laisser submerger par ce que nous découvrirons. Dieu ne nous juge jamais et, sous la lumière et l'amour de son regard, nous pouvons entrer dans toutes les pièces de notre maison !

Il viendra transformer alors nos forces de mort en forces de vie, la souffrance pourra demeurer, mais elle ne nous détruira plus ; la violence en nous se transformera en force créatrice, l'agressivité va retrouver sa place, la peur va se fondre en confiance, la passion amoureuse et sexuelle dynamisera le don de soi, la générosité et l'amour oblatif.

La première porte à ouvrir est celle de la confiance et du dialogue : *« S'adressant à lui, Jésus dit : "Que veux-tu que je fasse pour toi ?" L'aveugle lui répondit : "Rabbouni, que je retrouve la vue." »* (Mc 10, 51)

Pour nous y aider, nous emprunterons la voie et la voix des psaumes, ces prières lancées vers le Ciel sous forme d'appels à l'aide, de pardon, d'amour, d'action de grâce, de colère et de demande d'aide. Composés depuis des millénaires, ils sont toujours d'actualité, contenant nos larmes, nos passions, nos douleurs, nos culpabilités, nos joies, nos cris de confiance et de gratitude. Paroles d'hommes jaillies et jaillissant tout droit du cœur, ces prières de l'Ancien Testament ont acquis le statut de Parole de Dieu.

C'est quand nous les disons, les prions ou les chantons que Dieu se révèle à nous comme un cœur attentif à nos appels, un Père immense au cœur de mère laissant sans cesse déborder sa tendresse pour nous consoler, nous fortifier, nous distribuer ses dons spirituels, nous conduire et nous prendre dans ses bras (cf. Ps 130).

En se révélant, sa Parole pénètre toutes les couches de notre être, dans ses coins et recoins les plus intimes. Et la Parole est lumière, elle est baume sur nos blessures, amour pour notre cœur, réponse à nos désirs profonds d'aimer et d'être aimés, force pour aller de l'avant, afin de ne pas rester prisonniers de nos zones d'ombre.

Pour entrer dans la prière des psaumes, je vous propose une petite méthode :

1. Choisissez le psaume approprié à votre état d'âme du moment (découragement, culpabilité, agitation des passions, joie, envie de dire merci, etc.) et mettez-vous dans une attitude de disponibilité pour le recevoir, d'abord comme une parole que Dieu vous adresse. Ensuite, il s'agit de le lire simplement et lentement jusqu'à la fin sans vous y arrêter, comme un cadeau que l'on reçoit, mais sans vouloir tout de suite regarder ce qu'il contient ;

2. Relisez-le en le priant, comme on récite lentement une prière. Il s'agit de se glisser à l'intérieur de la méditation du psalmiste et de prier le psaume avec lui. En épousant ainsi le mouvement du psalmiste, vous pénétrez l'intime de votre âme pour laisser la lumière rejoindre la racine de vos émotions et distorsions ;

3. Reprenez-le une troisième fois en le méditant, c'est-à-dire en vous arrêtant cette fois-ci sur le mot ou le passage qui suscite en vous une émotion, un désir profond, une réflexion. Puis exposez à la lumière ce qui monte de votre

cœur et offrez-le au Seigneur en entrant en dialogue avec Lui ; en se révélant, Dieu nous révèle à nous-mêmes par cette même Parole ;

4. Enfin, laissez le silence s'installer dans votre cœur, si possible, en vous arrêtant sur un seul mot, une seule phrase que vous pouvez répéter comme une litanie, ou alors en gardant simplement ce silence rempli de la paix de Dieu. La prière des psaumes, tout en vous révélant vos états d'âme, vous dévoilera également les dons que le Seigneur vous donne pour aller de l'avant et vous dépasser.

Chants, poèmes, hymnes, les psaumes priés, médités ou chantés lancent vers le Seigneur nos morceaux de vie, accordés ou désaccordés, dans la confiance et la louange. Et Lui-même exercera nos doigts à jouer de toutes les cordes de notre âme : confiance et foi, amour et charité, réconciliation, esprit d'enfance et d'abandon, patience, douceur, force, maîtrise de soi, etc.

Psaume 130

S'ouvrir au Seigneur dans la foi

1. Seigneur, je n'ai pas le cœur fier
ni le regard ambitieux ;
je ne poursuis ni grands desseins,
ni merveilles qui me dépassent.

« Zachée courut en avant et monta sur un sycomore afin de voir Jésus » (Lc 19, 4.) Zachée se barricade dans un arbre pour fuir les regards qui lui font peur, tout comme il se blinde derrière son bureau de chef de collecteur d'impôts, imposant son pouvoir de chef, le regard fier et ambitieux. Par contre, le même homme, *de petite taille*, au milieu de la foule, ne fait pas le poids. Refusant sa petitesse, aucune autre alternative que la fuite ne se présente à lui.

Par ailleurs, ses peurs et son orgueil ne peuvent étouffer son grand désir de *voir Jésus* : désir profond, spirituel, qui cherche la vérité en fixant son regard sur le Maître. Et Jésus n'y restera pas insensible !

Même regard hautain chez le pharisien et chez toute personne qui cherche constamment à être admirée, adulée en affichant une image performante d'elle-même. Le type même du personnage s'appuyant sur le paraître, prisonnier de sa propre image ; il se fait une idole de sa réputation, il l'estime comme plus chère que la vie.

Il n'y a qu'une douleur qu'il ne peut endurer : l'horreur de constater ses propres péchés et ses imperfections. En vérité, ces gens-là se sentent, au fond, inquiets, infirmes, angoissés.

Ne révèlent-ils pas des blessures d'amour avec leur cortège de peur, d'angoisse, de fuite, de haine des autres, engendrant l'orgueil, l'ambition et le perfectionnisme ?

« Zachée, descends vite, il me faut aujourd'hui demeurer chez toi. » (Lc 19, 5) Jésus nous attend au pied de l'arbre en nous invitant à descendre du sommet de notre orgueil blessé, à l'intérieur de nos blessures. Il faut accepter d'être exposés, même aux yeux des autres, comme des êtres petits et blessés, en même temps livrés à ce regard de Miséricorde de Dieu. La rencontre avec Jésus passe par là, non par le salon des apparences, mais par les pièces les plus sombres de notre vie, seule condition pour que monte de notre cœur la vraie joie, le don de Dieu qui libère : *« Vite, Zachée descendit et l'accueillit tout joyeux. »* (19, 6) Ainsi, pour nous aussi, *« le salut est venu dans cette maison »* (19, 9)…

Je veux aujourd'hui, Seigneur, descendre de l'arbre de ma fierté mal placée pour te rencontrer, te suivre et t'ouvrir ma maison. Augmente en moi la foi, apprends-moi à te faire confiance. Infuse dans mon cœur le don de science, qui me fera voir le vide et le néant de ces choses auxquelles je m'accroche tellement et qui me laissent si souvent épuisé et amer. Mets en moi le don de sagesse, pour goûter combien tu es bon et pour voir qu'il n'y a rien à craindre à lâcher prise pour te faire confiance. Par le don d'intelligence, mets en lumière les idoles de ma vie !

2. Non, mais je tiens mon âme
égale et silencieuse ;
mon âme est en moi comme un enfant,
comme un petit enfant contre sa mère.

À partir de là, la paix peut s'installer et nous demeurons paisibles en présence de Dieu, *« car Dieu est pour nous refuge et force, secours dans la détresse, toujours offert »* (Ps 45, 1). Déchargés de notre fardeau, nous trouvons en lui notre repos : *« Venez à moi, vous tous qui peinez sous le poids du fardeau, et moi je vous donnerai le repos. »* (Mt 11, 28)

La foi s'épanouit dans l'amour et l'amour nous ouvre à la confiance et à l'abandon entre les mains du Seigneur, tel l'enfant dans les bras de sa mère. Le croyant, en paix désormais, renonçant à toute recherche de grandeur humaine, s'abandonne au Seigneur avec la simplicité d'un enfant, sans inquiétude ni ambition. L'enfant n'a pas besoin de se blinder, il goûte la joie d'être lui-même. Pour en arriver ainsi à un total abandon, il faut avoir longuement digéré, approfondi et intériorisé ses propres questions, ses crises, ses épreuves et ses remises en question.

L'esprit d'enfance n'a rien à voir avec l'infantilisme.

La confiance et l'abandon entre les mains de Jésus nous aident à ne plus nous crisper sur nos incapacités et nos faiblesses pour nous ouvrir totalement aux dons de Dieu, qui nous lanceront avec plus de force et moins d'insécurité dans le combat de la vie, où nous aurons à exercer nos vertus avec nous-mêmes et au service des autres. Les petits oiseaux qui ni ne sèment ni ne moissonnent et que le Père nourrit (cf. Mt 6, 26) ne sont pas dispensés pour autant de chercher leur nourriture et d'y travailler ! Il en est de même pour nous.

À mon tour, Seigneur, je veux maintenant goûter la paix que tu me donnes et tout recevoir de toi pour m'engager dans le monde, avec la force que me communiquent la confiance et l'abandon entre tes mains.

3. Attends le Seigneur, Israël,
maintenant et à jamais.

Petit rappel à Israël, et à chacun de nous, de nous remettre entre les mains de Dieu, avec la même sérénité et confiance, durant les moments de crise et d'angoisse que nous traverserons dans l'avenir. Dieu est fidèle et Il ne nous abandonnera pas. Il n'y a pas d'autre assurance qu'en Lui. Ainsi, la foi confiante nous lance dans l'espérance !

Voir aussi psaumes 1, 22, 45, 61, 111, 124.

Psaume 138

La foi qui s'ouvre à Dieu
tisse une relation de confiance et d'amour avec Lui

1. Tu me scrutes, Seigneur, et tu sais !
Tu sais quand je m'assois, quand je me lève ;
de très loin, tu pénètres mes pensées.

2. Que je marche ou me repose, tu le vois,
tous mes chemins te sont familiers.
Avant qu'un mot ne parvienne à mes lèvres,
déjà, Seigneur, tu le sais.

« Et Zachée reçut joyeusement Jésus dans sa maison. » Que se passe-t-il dans notre maison lorsque nous remettons à Dieu la clef de toutes les pièces ? Ce psaume tente d'y répondre.

Le ton de départ est donné : tout va se passer entre un *je* et un *tu*. Un dialogue intime s'instaure, entre deux amis. Dès lors, notre vie peut être mise à nu sous le regard de Dieu, car l'amour chasse la crainte.

Dieu me scrute et me connaît jusqu'au plus intime de mon âme. Et cette connaissance n'a rien d'un regard inquisiteur, elle est chargée d'amour. Le psalmiste constate la présence de Dieu dans tous ses mouvements et déplacements. Il est également présent dans les pensées et les paroles, celles retenues dans le cœur, celles mises sur les lèvres.

Seigneur, je m'ouvre à toi. Viens pénétrer mes pensées, celles qui m'apaisent comme celles qui me troublent et me torturent, celles que je n'arrive pas à chasser et qui m'obsèdent. Toi qui me connais si bien, et mieux que moi-même, pénètre surtout les zones de mon être d'où elles naissent : mes souvenirs, mon imagination, mon inconscient…

« Pour comprendre ce que produit en nous la présence de Dieu, pensons à l'influence de la personne aimante sur la personne aimée. Cette influence est bienfaisante, transfigurante, réconfortante, fortifiante… Ouvrir consiste à remettre nos clefs au Christ, à nous dessaisir de nos précieuses clefs, les clefs de notre conscient et de notre inconscient. Les clefs de toutes nos portes, celles que nous avons fermées, peut-être sans le savoir. Les clefs de toutes les zones de notre être, les lumineuses et les ténébreuses, celles qui sentent bon et celles qui ne sentent pas bon… Laissons-le entrer dans nos blancs, dans notre absence possible de souvenirs [1]. »

Si le Seigneur connaît tout de nous, il peut effectivement agir en nous si nous le laissons faire. L'obstacle qui freine l'action de Dieu en nous, c'est la peur que nous avons de Lui, depuis l'histoire d'Adam qui a fui son regard. Et depuis,

1. *Id.*, p. 54-55.

nous Le rendons parfois responsable de nos malheurs et de nos souffrances inexplicables.

Ne Le percevons-nous pas souvent comme le juge qui vient surveiller le moindre de nos faux pas ? S'il en est ainsi, alors, épousons la prière du psalmiste et laissons-nous glisser dans ce dialogue tout imprégné de tendresse et de confiance ; nous sentirons grandir en nous le *don de piété filiale* qui dévoile à notre cœur le vrai visage de notre Père !

3. Tu me devances et me poursuis,
tu m'enserres, tu as mis la main sur moi.
Savoir prodigieux qui me dépasse,
hauteur que je ne puis atteindre !

4. Où donc aller, loin de ton souffle ?
Où m'enfuir, loin de ta face ?
Je gravis les cieux : tu es là ;
je descends chez les morts : te voici.

5. Je prends les ailes de l'aurore
et me pose au-delà des mers :
même là, ta main me conduit,
ta main droite me saisit.

Son action prend la figure d'une main qui n'opprime pas, mais conduit par des liens de tendresse.

En pénétrant et goûtant cette présence de Dieu par le *don de sagesse*, le psalmiste s'émerveille devant un tel amour si présent et prévenant. Saint Paul souhaite que tout croyant pénètre ce mystère d'amour :

> *« Que le Dieu de notre Seigneur Jésus-Christ, le Père à qui appartient la gloire, vous donne un esprit de sagesse qui vous le révèle et vous le fasse vraiment connaître ; qu'il ouvre votre cœur à sa lumière, pour que vous sachiez quelle espérance vous donne son appel, quelle est la richesse de sa gloire, de l'héritage qu'il vous fait partager avec les saints, quelle immense puissance il a déployée en notre faveur à nous, les croyants. »* (Ep 1, 17-19)

Même si je fuis loin de son souffle, *en gravissant les hauteurs*, dans les moments d'exaltation de ma vie où je risque de l'oublier, comme dans les moments de difficultés et de désespoir où je me retrouve *parmi les morts*, Lui, le Seigneur, ne me quitte jamais. Il est toujours fidèle et il suffit que je lui ouvre mon cœur. Nuit et jour, dans le ciel et sur les mers, sa main sera toujours là pour me conduire.

6. J'avais dit : « Les ténèbres m'écrasent ! »
Mais la nuit devient lumière autour de moi.
Même la ténèbre pour toi n'est pas ténèbre,
et la nuit comme le jour est lumière !

Et même durant les heures les plus sombres de notre vie et de notre foi, le psalmiste crie sa certitude : *La nuit comme le jour est lumière.*

Quand tout est sombre dans ma vie et que je me retrouve comme en enfer, sans voir le bout du tunnel, aide-moi simplement à te rester fidèle, à te redire que je crois et que je t'aime. Seigneur, je te confie mes doutes, tous ces moments de ma vie où j'ai aussi volontairement choisi les ténèbres, et les traces qu'elles ont laissées dans mon cœur.

7. C'est toi qui as créé mes reins,
qui m'as tissé dans le sein de ma mère.
Je reconnais devant toi le prodige,
l'être étonnant que je suis :
étonnantes sont tes œuvres
toute mon âme le sait.

8. Mes os n'étaient pas cachés pour toi
quand j'étais façonné dans le secret,
modelé aux entrailles de la terre.

9. J'étais encore inachevé, tu me voyais ;
sur ton livre, tous mes jours étaient inscrits,
recensés avant qu'un seul ne soit !

Le psalmiste médite maintenant sur sa propre création dans le sein de sa mère. L'œuvre au départ est parfaite ! Si Dieu me connaît totalement, c'est qu'Il est à la source de ma vie.

« Les reins, observe le père Lyonnet, c'est le siège des passions et des impulsions inconscientes, comme de mes pensées les plus intimes et les plus cachées à moi-même, à la différence du cœur qui est le siège de l'intelligence consciente et cordiale [1]. »

Si Dieu a créé le siège de mes passions, je peux lui demander de rejoindre ces forces dynamiques de ma vie, pour y mettre sa lumière.

Puisque tu es l'artisan de mon âme, Seigneur, je te présente en ce moment mes blessures du passé, les passions désordonnées qui me troublent, les pensées obsédantes, tout ce que je n'arrive ni à gérer ni à maîtriser.

---

1. Cité par B. ARMINJON, *Sur la lyre à dix cordes, à l'écoute des psaumes*, Paris 1990, p. 578.

Mais alors, comment et pourquoi reconnaître *devant toi le prodige et l'être étonnant que je suis ?*

D'abord parce que Dieu a fait l'être humain plein et complet ; dire que l'homme est une merveille et un prodige, c'est louer la grandeur de l'Artisan. Si la créature est merveilleuse, combien plus encore le Créateur ! Ensuite, parce que sur *la merveille que je suis*, Dieu porte un regard d'amour et l'entoure de toute sa tendresse dès son origine, dès qu'elle apparaît dans le sein maternel. Dieu l'aime, car c'est Lui qui a façonné l'homme, qui l'a tissé dans le secret.

En accueillant ce regard amoureux de Dieu sur moi, je peux m'aimer avec mes combats, mes joies et déceptions. En vérité, je puis dire que je suis une merveille à cause de ce regard d'amour, et que l'amour sera toujours plus fort que mes blessures et mes péchés. C'est cet amour-là qui me redonnera la force de croire en moi.

Mais c'est justement là où le bât blesse… Prenez trente secondes pour énumérer ce que vous aimez de vous-mêmes et trente autres secondes pour dire ce que vous n'aimez pas en vous. En général, vous avez trouvé trois fois plus de points négatifs que positifs. Rares sont les gens qui trouvent plus de cinq qualités en trente secondes, ce qui prouve la peine que nous avons à nous aimer nous-mêmes.

> « Malheureusement, quand on ne s'aime pas soi-même, on se conduit de telle façon qu'il devient encore plus difficile de s'aimer. On cache son insécurité en proclamant ses réussites, en critiquant les absents. On devient incapable de dire non. On en vient à faire son propre procès pour susciter la sympathie, en veillant à ne pas prendre de risque d'échec… On devient vantard et l'on cherche à être un centre d'attraction parce qu'à l'intérieur de soi-même, on se méprise [1]. »

---

1. D. Linn et M. Linn, *La guérison des souvenirs*, Paris 1987, p. 84-85.

Raison de plus pour méditer ce passage, le redire au Seigneur sans arrière-pensée sous forme de louange et d'action de grâce, afin de laisser ce regard d'amour devenir vrai et pénétrant, jusqu'à oser nous dire en toute vérité *que je suis une merveille parce que Dieu m'aime, et que tout le reste est secondaire*, et qui demande beaucoup de patience et de précision. Donc, de ce que je suis, tout a été fait avec beauté et précision, comme une réelle œuvre d'art : mon âme, mes os, c'est-à-dire la charpente de l'être humain, sa structure, et tout ce qui a été fait dans le secret, qui échappe à l'œil de l'humain.

Si le regard du Seigneur embrasse mon origine, mon passé et mon présent, il en est de même pour mon futur, non pour m'enfermer dans son projet, mais pour m'aider à choisir mon chemin. Plus l'homme pénètre le mystère de Dieu par le don de sagesse, plus il se connaît lui-même, et plus aussi il saura faire les bons choix concernant son avenir.

10. Que tes pensées sont pour moi difficiles,
Dieu, que leur somme est imposante !
Je les compte : plus nombreuses que le sable !
Je m'éveille : je suis encore avec toi.

11. Scrute-moi, mon Dieu, tu sauras ma pensée ;
éprouve-moi, tu connaîtras mon cœur.
Vois si je prends le chemin des idoles,
et conduis-moi sur le chemin d'éternité.

Le psalmiste continue de s'émerveiller devant ce mystère de Dieu qui le dépasse complètement. Il est tellement merveilleux de pouvoir s'abandonner entre ses mains, même si nous ne saisissons pas tout de Lui. À la dernière strophe, le psalmiste est tellement heureux de ce moment intime avec Dieu, qui le révèle à lui-même, qu'il semble Lui demander d'achever ce qu'Il a commencé en lui en toute liberté, comme s'il disait : *Je ne peux m'en remettre qu'à toi, Seigneur. J'ai la certitude de ne pas m'égarer qu'en m'appuyant sur toi. Car sans toi, en ne comptant que sur moi-même, je vais m'égarer et prendre le chemin des idoles.* Les idoles sont une fausse image de soi-même, des autres et de Dieu, qui se forme dans le mental sous la pression des passions et du péché. Mais avec le Seigneur, nous trouverons toujours le chemin qui mène à la vie.

Avec toi, Seigneur, je ne me découragerai plus de moi-même, car ton regard d'amour me donnera toujours la grâce de me relever et de croire un peu plus en moi-même !

Voir psaumes 16, 25.

Psaumes 62 et 41

L'espérance ne déçoit pas

1. *Dieu, tu es mon Dieu, je te cherche dès l'aube :*
mon âme a soif de toi ;
après toi languit ma chair,
terre aride, altérée, sans eau.
(Ps 62)

La soif de l'âme, celle de Dieu, c'est la soif la plus profonde et la plus dévorante qui soit, bien plus profonde que la soif de la « chair », que celle des passions amoureuses, de la partie sensible. Ici, il semble que la chair souffre de sécheresse, les passions affectives ayant perdu leur objet de plaisir. Chair torturée, privée de sensations et de sentiments, comme lors d'une déception amoureuse, d'une rupture de relation sentimentale, de trahison, de repli sur soi, de blessure, de deuil. Alors, la chair se recroqueville sur elle-même, blessée, haletante et languissante, hurlant, revendiquant sa ration de tendresse et de satisfaction. Drame de tous les jours et de toutes les relations. Moments aussi de la vie spirituelle où Dieu se cache et se fait absent, laissant l'âme dans une cruelle solitude, telle la bien-aimée du Cantique : *« Sur ma couche, la nuit, j'ai cherché celui que mon cœur aime. Je l'ai cherché, mais ne l'ai point trouvé. »* (Ct 3, 1) Le psaume 41 s'en fait également le porte-parole :

2. Comme un cerf altéré cherche l'eau vive,
ainsi mon âme te cherche
toi, mon Dieu.

3. Mon âme a soif de Dieu,
le Dieu vivant ;
quand pourrai-je m'avancer,
paraître face à Dieu ?

4. Je n'ai d'autre pain que mes larmes,
le jour, la nuit,
moi qui chaque jour entends dire :
« Où est-il, ton Dieu ? »

L'âme désire Dieu, mais ses larmes ne font pas fleurir son désert. Personne, absolument personne ne peut la consoler. Que reste-t-il ? Le désespoir, ou alors ce cri vers Dieu, venant des profondeurs : *« Dieu, tu es mon Dieu, je te cherche dès l'aube »*, un cri d'espérance qui perce l'aridité, comme la foreuse perce le sable pour atteindre une source. La sécheresse des sentiments laisse échapper cet appel du cœur.

Le cri d'espérance ouvre le cœur à la présence de Dieu :

> *« Bien plus, nous mettons notre orgueil dans nos détresses mêmes, sachant que la détresse produit la persévérance, la persévérance la fidélité éprouvée, la fidélité éprouvée l'espérance ; et l'espérance ne trompe pas, car l'amour de Dieu a été répandu dans nos cœurs par l'Esprit Saint qui nous a été donné. »* (Rm 5, 3-5)

Le psalmiste se retrouve dans le sanctuaire de son cœur, cette partie de l'âme la plus spirituelle, pour faire l'expérience du Dieu vivant et de son amour. Présence de Dieu retrouvée, où ce qui compte est uniquement son amour, Dieu pour Dieu, et non pas Dieu pour ses grâces ou pour ses dons.

Ce cri d'espérance a, par la même occasion, soulevé et porté vers Dieu cette chair blessée, languissante et aride. Ce qui est premier, ce n'est pas que la chair soit rassasiée, mais que Dieu soit là. L'espérance s'exerce par la persévérance. Dans l'attente de l'Esprit Saint, les disciples sont assidus et persévérants dans la prière (cf. Ac 1, 14) ; leur persévérance sera couronnée par la descente de l'Esprit. La persévérance ne s'occupe pas de nos états d'âme émotionnels, mais lance toute la personne dans ce cri vers Dieu, ce cri arraché à la pauvreté de nos cœurs et qui touche celui de Dieu, à l'exemple de Bartimée (cf. Mc 10, 46-51) qui hurle : *« Fils de David, aie pitié de moi ! »* au passage de Jésus. On a beau le faire taire, rien n'y fait. Ce cri d'espérance est plus fort que les règles de politesse. Et Jésus se laisse toucher par une telle persévérance. Nous ne sommes certainement pas assez persévérants…

5. Toute ma vie, je vais te bénir,
lever les mains en invoquant ton nom.
Comme par un festin je serai rassasié ;
la joie sur les lèvres, je dirai ta louange.
(Ps 62)

La persévérance s'accompagne de louange et de bénédiction, elle est même portée par la louange. Car cette prière nous décentre de nous-mêmes pour regarder Dieu et le mettre en valeur. Dans la louange, nous célébrons Dieu, sa personne, ses qualités. C'est Lui qui a toute la place et ce n'est plus directement en rapport avec nos besoins. La louange est tournée vers les choses du ciel, les choses de la terre sont balayées par les qualités de la présence de Dieu. Dès que nous faisons ainsi place nette à Dieu, les choses peuvent changer dans notre vie, au contraire d'une prière plaintive qui nous centre sur nous-mêmes et ferme ainsi notre cœur à son action.

C'est pourquoi le psalmiste peut dire que, déjà, il est rassasié de la présence de Dieu, comme après un festin.

Le psaume 41 nous invite également à la louange pour éviter que l'âme ne se replie sur elle-même :

6. Pourquoi te désoler, ô mon âme,
et gémir sur moi ?
Espère en Dieu ! De nouveau je rendrai grâce :
il est mon sauveur et mon Dieu !

Il nous faut aussi persévérer dans la louange qui devient alors le ressort de l'espérance. Le psalmiste se souvient de Dieu pour le louer, même durant la nuit (Ps 62) :

7. Dans la nuit, je me souviens de toi
et je reste des heures à te parler.

8. Oui, tu es venu à mon secours :
je crie de joie à l'ombre de tes ailes.

9. Mon âme s'attache à toi,
ta main droite me soutient.

Dans la nuit de l'épreuve, la persévérance a précipité la venue de Dieu et l'âme peut, dès lors, crier de joie ! Elle se sent plus forte, plus soutenue avec un amour qui éclate en cri de louange !

Voir psaumes 26, 30, 45, 56, 83, 107, 120.

Psaume 44

L'Amour de Dieu répandu en nos cœurs

2. D'heureuses paroles jaillissent de mon cœur
quand je dis mes poèmes pour le roi
d'une langue aussi vive que la plume du scribe !

3. Tu es beau,
comme aucun des enfants de l'homme,
la grâce est répandue sur tes lèvres :
oui, Dieu te bénit pour toujours.

Il s'agit d'un cœur tellement émerveillé et saisi par l'Amour de Dieu que seul le langage lyrique peut traduire en *« d'heureuses paroles »* ce qu'il ressent. Sous l'impulsion du don de sagesse, l'âme, soulevée par la charité théologale, s'élance vers le Roi, son Bien-Aimé, avec la vivacité de la plume du scribe.

Même expérience d'émerveillement chez saint Paul, jusqu'à être *« hors de sens »*: *« L'amour du Christ nous étreint à cette pensée qu'un seul est mort pour nous »* (2 Co 5, 13-14.) Au bout de la plume trempée dans le bouillonnement des sentiments, les mots courent plus vite que la pensée, tellement l'âme bien-aimée est pressée d'énumérer les qualités du Bien-Aimé.

L'Amour de Dieu nous ouvre à la beauté en changeant notre regard sur le monde. « Quand quelqu'un nous aime, chante le poète, il fait toujours très beau. » Alors seulement, nous pouvons nous détourner de ce qui ne va pas et de la tentation de toujours nous plaindre, pour accueillir la vie comme un cadeau. Les dons d'intelligence et de science, reliés à l'Amour répandu dans nos cœurs, nous font pénétrer au cœur des créatures pour en saisir toute la beauté, trace laissée par Dieu. De la simple goutte de rosée matinale perlant sur le brin d'herbe jusqu'au sourire lumineux de l'enfant, se reflète la beauté divine.

Au cœur de la création, l'âme décrit son Roi comme le plus beau des enfants des hommes. Le chrétien y contemple le Christ, le Verbe fait Chair, *« Fils unique, plein de grâce et de vérité »* (Jn 1, 14). Isaïe l'avait déjà annoncé : *« Tes yeux contempleront le Roi dans sa beauté. »* (Is 33, 17)

Loin de nous impressionner et de nous garder à distance, la beauté du Roi nous est offerte en cadeau, en pure grâce : *« De sa plénitude en effet, tous, nous avons reçu, et grâce sur grâce. »* (Jn 1, 16) Et quelle est cette grâce pour ceux qui ont accueilli le plus beau des enfants des hommes ?

« De devenir enfants de Dieu » (Jn 1, 12) et de retrouver ainsi notre beauté première, notre ressemblance avec Dieu. Ainsi, contemplant le Roi dans sa beauté, nous remontons à la Source de notre existence, pour nous retremper dans l'Amour du Père et du Fils, et nous laisser réengendrer dans la beauté. En effet, *« qui regarde vers Lui resplendira sans ombre ni trouble au visage »* (Ps 34).

4. Guerrier valeureux,
porte l'épée de noblesse et d'honneur !
5. Ton honneur, c'est de courir au combat
pour la justice, la clémence et la vérité.

6. Ta main jettera la stupeur,
les flèches qui déchirent ;
sous tes coups, les peuples s'abattront,
les ennemis du roi, frappés en plein cœur.

7. Ton trône est divin, un trône éternel ;
ton sceptre royal est sceptre de droiture :

8. tu aimes la justice, tu réprouves le mal.

Notre Roi est un guerrier valeureux, animé de cette force divine qu'Il nous transmet par le don de force afin que, derrière Lui, nous nous engagions dans le combat de la justice, de la clémence et de la vérité. Le mensonge et l'injustice détruisent la beauté et l'innocence. Le Roi se bat auprès des petits, des faibles et de tous les opprimés. En nous qui L'avons accueilli, Il est déjà vainqueur des forces du Mal, qui tentent de nous assaillir. Aucun adversaire, allié aux puissances des ténèbres, ne peut tenir debout en sa présence : Il les frappera en plein cœur, car Il est le défenseur de tous ceux qui se sont confiés à Lui. Dieu protège ceux qui L'aiment et cherchent à vivre dans le bien et la justice. Même si, extérieurement et par moments, le Mal semble triompher, intérieurement :

> *« Nous sommes plus que vainqueurs par Celui qui nous a aimés. Oui, j'en ai l'assurance : ni la mort ni la vie, ni les anges ni les dominations, ni le présent ni l'avenir, ni les puissances, ni les forces des hauteurs, ni aucune autre créature, rien ne pourra nous séparer de l'amour de Dieu manifesté en Jésus-Christ notre Seigneur. »* (Rm 8, 37-39)

Oui, Dieu, ton Dieu t'a consacré
d'une onction de joie,
comme aucun de tes semblables ;

9. la myrrhe et l'aloès parfument ton vêtement.
Des palais d'ivoire, la musique t'enchante.

10. Parmi tes bien-aimées sont des filles de roi ;
à ta droite, la préférée, sous les ors d'Ophir.

11. Écoute, ma fille, regarde et tends l'oreille ;
oublie ton peuple et la maison de ton père :

12. le roi sera séduit par ta beauté.
Il est ton Seigneur : prosterne-toi devant lui.

13. Alors, fille de Tyr, les plus riches du peuple,
chargés de présents, quêteront ton sourire.

L'identité du Roi est bien d'origine divine : « *Ton trône est divin, un trône éternel.* » (44, 7) Il s'agit donc d'un Amour solide, éternel.

Non seulement le Roi Messie a reçu l'onction divine, mais Il est Dieu.

Entre les lignes se profile toute l'œuvre commune des Trois Personnes divines : Dieu Père donne l'Onction, le Saint-Esprit en Personne, au Messie son Fils. Le Roi attire par ses parfums : la myrrhe et l'aloès accompagnent les offrandes au Temple, nous rappelant par là que le Roi préfigure en même temps le Christ, Grand Prêtre, s'offrant Lui-même sur la croix en sacrifice d'agréable odeur : « *Quand j'aurai été élevé de terre, j'attirerai tout à moi.* » (Jn 12, 32)

La bien-aimée, préférée du Roi, s'avance vers Lui, revêtue de l'or d'Ophir qui lui vient du Roi Lui-même. Plus elle s'approche de Lui, plus elle reçoit de cadeaux de sa main. Et plus elle Lui ressemble. Car c'est de Lui qu'elle tire toute sa beauté.

Plus notre cœur s'élance vers le Bien-Aimé, plus nous Le désirons, et plus nous devenons ses bien-aimées préférées à l'exemple de celui que le quatrième évangile nomme « *le disciple que Jésus aimait* ». Allusion à saint Jean ? L'identité inconnue se transforme en une invitation adressée à toute âme assoiffée de Dieu, afin qu'elle s'identifie au préféré de Jésus, le disciple bien-aimé.

Le verset 11 est un appel à rester sans cesse en état d'écoute de la Parole du Roi, si l'on ne veut pas risquer de s'affadir et de se tourner vers les idoles et d'autres dieux. L'amour s'entretient par ce dialogue fidèle avec le Seigneur, notre Bien-Aimé. Le suivre et le préférer à tout le reste demeure un engagement exigeant de tous les instants, jusqu'à oublier son passé et « *la maison de son père* », sans regarder en arrière.

Plus l'âme grandit dans l'amour, plus elle devient belle de la beauté du Roi, et plus elle L'attire : *« Le Roi sera séduit par ta beauté. »* Et ceux qui l'entourent, *« la fille de Tyr, les plus riches du peuples »* quêteront son sourire, signe et témoignage du cœur comblé par l'amour du Bien-Aimé.

Comme nous le décrivent les auteurs mystiques (saint Jean de la Croix et sainte Thérèse d'Avila), l'âme traverse plusieurs états de purification avant de parvenir à l'union totale avec Dieu : conversion, séduction, amitié, fiançailles et épousailles spirituelles avec le Roi devenu Époux de nos âmes.

14. Fille de roi, elle est là, dans sa gloire,
vêtue d'étoffes d'or ;

15. on la conduit, toute parée, vers le roi.
Des jeunes filles, ses compagnes, lui font cortège ;

16. on les conduit parmi les chants de fête :
elles entrent au palais du roi.

17. À la place de tes pères se lèveront tes fils ;
sur toute la terre tu feras d'eux des princes.

18. Je ferai vivre ton nom pour les âges des âges :
que les peuples te rendent grâce,
toujours, à jamais !

La bien-aimée est-elle « l'épouse du roi ou sa fille ?... La difficulté est levée, si nous nous rappelons, avec Isaïe, que notre "*bâtisseur*", celui auquel nous devons la vie, notre Père, est aussi, par alliance, notre Époux ("*Ton bâtisseur sera ton Époux*" en Is 62, 5). La bien-aimée du psaume 44 est donc bien, par création, la fille du Roi, en même temps que, par alliance, elle est appelée à être son épouse [1] ».

Elle s'avance donc vers Lui, vêtue d'étoffes d'or et toute parée, cette fois-ci, de tous les dons de l'Esprit arrivés à maturité, qui l'illuminent de la gloire de Dieu. Les dons de l'Esprit tracent le sillon d'or de l'union totale avec le Bien-Aimé. Et le cortège nuptial s'achève dans l'intimité du palais, loin des regards de tous.

L'union s'ouvre sur la fécondité spirituelle de laquelle *« se lèveront tes fils »*, à l'image du Roi et de la bien-aimée. Le but de la vie spirituelle est l'union d'amour avec Dieu qui commence sur la terre et s'achève dans le Ciel. Et cette union d'amour porte du fruit, même si celui-ci n'apparaît pas toujours sous les yeux du croyant. Autrement dit, certains sèment, mais d'autres moissonnent :

> *« Déjà le moissonneur reçoit son salaire et amasse du fruit pour la vie éternelle, si bien que celui qui sème et celui qui moissonne se réjouissent ensemble. Car en ceci le proverbe est vrai, qui dit : "L'un sème, l'autre moissonne." Je vous ai envoyé moissonner ce qui ne vous a coûté aucune peine ; d'autres ont peiné et vous avez pénétré dans ce qui leur a coûté tant de peine. »* (Jn 4, 35-38)

Voir psaumes 88, 117, 135.

---

1. B. Arminjon, *op. cit.*, p. 217.

Psaume 72

Au moment où le cœur chavire
dans les désirs tyranniques de la sexualité

C'est tout à fait librement que je propose la lecture de ce psaume, en rapport avec ceux et celles qui sont tourmentés par les pulsions charnelles.

1. Vraiment, Dieu est bon pour Israël,
pour les hommes au cœur pur.

Cri de la foi lancé vers Dieu en pleine tempête, près de sombrer. La tentation était si forte que j'ai bien failli succomber :

2. Un rien, et je perdais pied,
un peu plus, et je faisais un faux pas ;

Voilà l'homme, à la fois dévoré par la pulsion sexuelle et par le désir profond et vrai de garder son cœur pur, c'est-à-dire ouvert à la droiture, au respect de l'autre, à la lumière de Dieu. Car l'impureté est une déconnexion entre la sexualité et la génitalité, entre le sexe et la personne, le cœur et le corps, la joie du don de soi à l'autre et la jouissance, qui utilise l'autre comme pur objet de plaisir. Nous l'avons vu plus haut, notre sexualité blessée est coupée de l'amour altruiste.

> « Libérer le désir sexuel dans un monde clos par la mort, où Dieu est rejeté, c'est exactement libérer un fauve enragé,

enragé par l'absence de sa proie, parce qu'il ne trouve pas ce qu'il cherche [1]. »

« Au fin fond du désir sexuel, n'y a-t-il pas comme une nostalgie d'un lieu où n'existe rien d'autre que le bonheur d'aimer ? D'une personne dont personne, jamais, ne pourra nous séparer ?... D'un visage qu'aucune ride ne viendra faner ? Nostalgie d'une plénitude dont les plus beaux moments d'amour ne sont que l'approche tâtonnante ?... Et si cet amour, cet ailleurs, cette plénitude, ce visage, cette beauté, ce bonheur, c'était... Dieu ? Dieu refoulé [2] ? »

C'est pourquoi notre priant crie que seul Dieu est bon et que Lui seul peut nous maintenir dans le véritable amour.

3. car j'étais jaloux des superbes,
je voyais le succès des impies.

4. Jusqu'à leur mort, ils ne manquent de rien,
ils jouissent d'une santé parfaite ;

5. ils échappent aux souffrances des hommes,
aux coups qui frappent les mortels.

« Oui, j'étais jaloux de tous ces gens sans morale et sans loi, jouissant pleinement de la vie comme si Dieu n'existait pas. Ils m'ont d'abord fasciné, les voyant vivre des plaisirs de la chair, forniquant librement entre eux et sans scrupules, ce qu'ils appellent l'amour libre [3]. »

---

1. O. Clément, cité par Daniel-Ange, dans *Ton corps fait pour l'amour*, Paris 1988, p. 70.

2. *Id.*, p. 71.

3. *« C'est pourquoi Dieu les a livrés, par les convoitises de leurs cœurs, à l'impureté où ils avilissent eux-mêmes leurs propres corps. Ils*

Il semble même que tout va bien pour eux et que tout leur réussit, à commencer par leur santé parfaite, comme s'ils ne devaient jamais mourir. « Jouis de la vie, me disaient-ils, on ne vit qu'une seule fois et il faut en profiter au maximum, et ce n'est pas un mal que de vouloir se faire du bien, etc. ». Et moi je me disais : « Pourquoi pas ? N'ont-ils donc pas raison, finalement ? Pourquoi vouloir sans cesse tenir en laisse cette chair brûlant de passion ? »

6. Ainsi, l'orgueil est leur collier,
la violence, l'habit qui les couvre ;

7. leurs yeux qui brillent de bien-être
trahissent les envies de leur cœur.

8. Ils ricanent, ils prônent le mal,
de très haut, ils prônent la force ;

9. leur bouche accapare le ciel,
et leur langue parcourt la terre.

10. Ainsi, le peuple se détourne
vers la source d'une telle abondance.

11. Ils disent : « Comment Dieu saurait-il ?
Le Très-Haut, que peut-il savoir ? »

12. Voyez comme sont les impies :
tranquilles, ils amassent des fortunes.

---

ont échangé la vérité de Dieu contre le mensonge, adoré et servi la créature au lieu du Créateur qui est béni éternellement. C'est pourquoi Dieu les a livrés à des passions avilissantes [...]. *Ainsi font-ils ce qu'ils ne devraient pas. Ils sont remplis de toute sorte d'injustice, de perversité, de cupidité, de méchanceté, pleins d'envie, de meurtres, de querelles, de ruse, de dépravation. »* (Rm 1, 24-29).

En observant ces gens sans Dieu ni maître, conduits par l'orgueil que produit la chair, tourmentés sans cesse par de nouvelles envies, je me dis que l'impureté ne peut mener qu'à une impasse : ne plonge-t-elle pas le cœur dans l'esclavage de la chair, anesthésiant la volonté, tarissant la source du véritable amour, pour obéir servilement à la violence de la passion ? Le désir n'est plus désir, il est devenu besoin ; et le besoin ne donne rien, au contraire, il accapare l'autre et le détruit dans l'assouvissement de l'instinct.

> « L'engrenage, quel esclavage ! Comme tout péché, l'impureté se présente à toi comme un ami : "Me voici pour te servir, te donner le bonheur." Si tu lui ouvres la porte de temps à autre, il devient un invité occasionnel. Mais, peu à peu, il s'installe dans ta maison. Il squatte. Impossible de le déloger. Le voilà comme chez lui. Il te dicte ses lubies. T'as intérêt à t'exécuter si tu ne veux pas des représailles. Chez toi, le voilà maître, si ce n'est despote [1]. »

13. Vraiment, c'est en vain que j'ai gardé mon cœur pur,
lavé mes mains en signe d'innocence !

14. Me voici frappé chaque jour,
châtié dès le matin.

Regret ? Tant d'efforts et de renoncements pour avoir gardé le cœur pur ? N'ai-je pas tout perdu en ne profitant pas de la vie comme les autres ?

Sentiment de profonde frustration ! Innocence, droiture, pureté, pour ce que cela m'a rapporté ! Me voici frappé, travaillé chaque jour par le regret de ne pas avoir cédé, essayé…

1. Daniel-Ange, *op. cit.*, p. 83.

> « À la limite, l'imagination peut être dévergondée, sans que l'on passe à l'acte pour autant. On peut être obsédé du sexe sans y succomber forcément… L'imagination et l'acte sont en constante interaction. Tantôt l'image précède et provoque le désir, si ce n'est l'acte. Tantôt c'est le contraire : alors que l'imagination est claire, une pulsion sexuelle spontanée déclenche des phantasmes, qui, à leur tour, incitent à aller plus loin. L'imagination incite à l'expérience… Combien la chair et l'esprit ont des connivences [1] ! »

Et c'est, sur le fil du rasoir, prêt à succomber à l'imaginaire que le psalmiste se dit :

15. Si j'avais dit : « Je vais parler comme eux »,
j'aurais trahi la race de tes fils.

16. Longtemps, j'ai cherché à savoir,
je me suis donné de la peine.

Mais, plus forte que la frustration psychologique, quelque chose est en train de remonter du fond de l'âme, tel un sursaut d'amour pour Dieu, cet amour fidèle vécu avec Lui pendant de longues années. Les violentes tentations du moment, qui ont secoué la volonté et ébranlé la sensibilité, retombent comme des vagues se brisant sur elles-mêmes. À l'imagination, notre priant n'a pas donné son consentement ! Il n'est pas allé jusqu'à l'expérience. La grâce de Dieu l'a rattrapé et l'a mené à dire oui à l'Amour, et non à ses déformations. Au bouillonnement des sentiments, sur la pente glissante où il se trouvait, il a choisi le retour à Dieu.

---

1. *Id.*, p. 84.

> « Quand la passion l'emporte avec véhémence, la capacité d'un acte volontaire en est d'autant diminuée. Elle peut arriver à obnubiler notre volonté. On peut être comme submergé, emporté par les pulsions de l'instinct. Pourtant même alors, au fond du cœur demeure intacte la possibilité de ne pas y consentir, ou d'au moins désirer ne pas céder, mais lutter. Quand les passions sont si violentes, loue Dieu qui a mis en toi un tel débordement de vie et qui donne à ta volonté une belle occasion de se forger à dure école. École de courage [1]. »

Cela n'a rien à voir avec un quelconque raisonnement : c'est un sursaut de volonté, un cri d'amour qui raccroche tout à Dieu :

> *« Je t'aime, Seigneur ma force, Seigneur mon roc, ma forteresse, Dieu mon libérateur, le rocher qui m'abrite, mon bouclier, mon fort, mon arme de victoire ! »* (Ps 17, 2-3.)

C'est en entrant dans le sanctuaire de son cœur, à l'écoute de Dieu, que le fidèle comprend. Rien de mieux que les dons de science et d'intelligence pour saisir l'enjeu en profondeur :

17. Mais quand j'entrai dans la demeure de Dieu,
je compris quel serait leur avenir.

18. Vraiment, tu les as mis sur la pente :
déjà tu les entraînes vers la ruine.

19. Comment vont-ils soudain au désastre,
anéantis, achevés par la terreur ?

20. À ton réveil, Seigneur, tu chasses leur image,
comme un songe au sortir du sommeil.

---

1. *Id.*, p. 87.

L'impureté ne peut mener qu'à la destruction de l'amour et de l'homme lui-même. Là où Dieu n'est pas, c'est le néant qui a le dernier mot. La finale nous montre que Dieu est agissant, même dans notre imaginaire. Il chasse tout fantasme et l'image impure disparaît.

21. Oui, mon cœur s'aigrissait,
j'avais les reins transpercés.

22. Moi, stupide, comme une bête,
je ne savais pas, mais j'étais avec toi.

23. Moi, je suis toujours avec toi,
avec toi qui as saisi ma main droite.

24. Tu me conduis selon tes desseins ;
puis tu me prendras dans la gloire.

Oui, je me souviens maintenant combien ces pensées me harcelaient et me transperçaient. Elles me faisaient du mal et je ne pouvais m'en libérer. J'y revenais sans cesse, les entretenant continuellement dans mon imaginaire. J'étais devenu comme une bête stupide, réclamant sa ration de jouissance virtuelle. En dehors de mon petit monde, privé de ma drogue, je me retrouvais amer et aigri, incapable d'être présent aux autres. Je prends maintenant conscience que, si je n'ai pas craqué et passé à l'acte, c'est parce que Toi, ô mon Dieu, Tu étais avec moi et Tu me conduisais selon tes desseins.

25. Qui donc est pour moi dans le ciel
si je n'ai, même avec toi, aucune joie sur la terre ?

26. Ma chair et mon cœur sont usés :
ma part, le roc de mon cœur, c'est Dieu pour toujours.

Autre traduction possible :

Avec Toi, Seigneur, je n'ai d'autre désir !
Vers Toi, ma chair n'est qu'un cri !
Et mon cœur, d'amour, se consume[1] *!*

Ce n'est pas un simple retour réflexe à Dieu, juste avant de sombrer, mais une prise de conscience du priant : ses tentations ne représentaient que le voile obscur d'un cœur, en vérité, tout tendu vers Dieu. Ce combat était nécessaire pour faire tomber ce voile et révéler le fond de son cœur. Sous les cendres éteintes de la pulsion sensible, brûle la passion d'amour pour Dieu : *« Ma chair et mon cœur sont usés : ma part, le roc de mon cœur, c'est Dieu pour toujours. »*

Comment ne pas entendre en écho le « retour » du prophète Jérémie vers le Seigneur, Jérémie tenté à plusieurs reprises d'abandonner sa mission et de s'éloigner de Dieu :

« Je me disais : je ne penserai plus à lui, je ne parlerai plus en son nom ; mais c'était en mon cœur comme un feu dévorant, enfermé dans mes os. Je m'épuisais à le contenir, mais je n'ai pas pu. » (Jr 20, 9) Et encore : *« Tu m'as séduit, Seigneur, et*

1. Traduit par Daniel-Ange, *op. cit.*, p. 65. Tous les psaumes utilisés dans ce chapitre sont tirés de la traduction liturgique du psautier, la même utilisée dans la *Liturgie des heures* ou prière du bréviaire.

je me suis laissé séduire ; tu m'as maîtrisé, tu as été le plus fort. » (Jr 20, 7)

27. Qui s'éloigne de toi périra :
tu détruis ceux qui te délaissent.

28. Pour moi, il est bon d'être proche de Dieu ;
j'ai pris refuge auprès de mon Dieu
pour annoncer les œuvres du Seigneur
aux portes de Sion.

L'homme en ressort plus fort, de la force même de Dieu. Il valait la peine de combattre et de ne pas céder à la tentation. L'esprit se fait aussi plus clair : celui qui s'éloigne de Dieu ne peut tenir, il périra. Oui, le Seigneur est vraiment notre refuge.

Voir psaumes 17, 68, 69.

Psaume 15

Dieu, l'Unique de mon cœur

J'aimerais lire ce psaume dans le prolongement du psaume 72 avec tous les consacrés et toutes les personnes qui, par des vœux ou des promesses, ont choisi volontairement la chasteté pour le Royaume.

1. Garde-moi, mon Dieu :
j'ai fait de toi mon refuge.

2. J'ai dit au Seigneur : « Tu es mon Dieu !
Je n'ai pas d'autre bonheur que toi. »

Désir implorant : garde-moi dans ton amour ! Garde mes pensées, Seigneur, garde dans ton amour tous les mouvements de mon cœur et de ma sensibilité, ne me laisse pas pencher vers le mal, garde dans ton amour et ta lumière mon conscient et mon inconscient, mes nuits de sommeil et mes rêves nocturnes. Dans un monde entouré de tentations de toutes sortes, j'ai fait de Toi mon unique refuge de tendresse, contre Toi je me blottis comme un petit enfant. Dans ce refuge de ton amour, je trouve tout mon bonheur et il n'y en a pas d'autre. À l'encontre de ceux qui cherchent leur bonheur loin de Toi, je peux témoigner : Tu es le seul et vrai bonheur !

Les consacrés font de Dieu leur unique amour, le seul et exclusif bien-aimé de leur âme, montrant et anticipant ainsi l'état définitif de chaque croyant dans le Royaume de Dieu, à la fin des Temps, puisque dans l'Au-delà, il n'y aura plus besoin de se marier (cf. Lc 20, 34-36 ; Mt 22, 30). Ils rappellent au monde que le suprême bonheur ne réside pas dans les relations de l'homme et de la femme, mais dans l'union avec Dieu, puisque notre cœur ne peut trouver de réel repos tant qu'il ne repose en Dieu. Il ne faut pas y voir une dévalorisation du mariage, mais l'annonce que son sommet culmine dans l'amour de Dieu.

Le consacré renonce à s'unir à une personne réelle pour s'unir à une autre personne tout aussi réelle, et non imaginaire : le Seigneur. La différence est que cette union se réalise selon l'Esprit uniquement, et non selon la chair. La seule raison valable du choix du célibat consacré est motivée par l'amour fou et exclusif pour Dieu !

3. Toutes les idoles du pays,
ces dieux que j'aimais,
ne cessent d'étendre leurs ravages
et l'on se rue à leur suite.

4. Je n'irai pas leur offrir le sang des sacrifices ;
leur nom ne viendra pas sur mes lèvres !

Ces idoles, ces dieux que j'aimais… L'idolâtrie de la chair et ses plaisirs éphémères qui ligotent si souvent mes pensées. Il fut un temps où, ces dieux, je les aimais… Ces dieux qui provoquent tellement de ravage à l'intérieur des cœurs des consacrés et des couples unis pour la vie. Non, je n'irai pas leur offrir le sang des sacrifices, je ne sacrifierai pas ma vocation, mon appel premier, malgré les difficultés, pour m'orienter vers une autre voie, aussi séduisante soit-elle !

Nous pouvons penser à tous ceux et celles qui s'étaient engagés avec enthousiasme sur la voie du Seigneur et qui, un beau jour, ont changé de cap…

Nous sentons dans ce psaume le désir du priant de rester fidèle, coûte que coûte, malgré les difficultés et les tentations, en faisant de Dieu son unique refuge. Et même *« leur nom ne viendra pas sur mes lèvres »*, car le consacré veut garder ses lèvres uniquement pour célébrer le Seigneur, son Bien-Aimé, signe d'un cœur qui n'est pas partagé, ou déchiré, par un autre amour.

À titre d'illustration, voici ce magnifique billet de Jean Ploussard, missionnaire en Afrique, griffonné au plus fort de la tentation :

« Proximité des bonheurs humains auxquels le prêtre a dit non... Et cependant cette affectivité qu'il ne faut pas éteindre, ce cœur toujours en fusion et qu'il faut tenir des deux mains, pour le garder à tous et d'abord à Dieu..., le garder pour le mieux donner...
Ô Solitude où je suis. Pas d'être ami à qui tout confier...
Aujourd'hui je suis seul en Afrique.
Chrétien non prêtre, je crois qu'à l'heure actuelle, je ne serais plus seul. Tout mon cœur sensible proclame un amour qu'il faut stopper, cri en cours de route, qu'il faut rendre sans portée et partant sans écho.
Vanité du monde en dehors de l'amour.
Et vanité de l'amour en dehors du Christ !
M'y voici.
Je crois que cela s'appelle la croix. Cette phrase qui monte de la terre. Et cette autre qui s'offre en travers ! Je crois que je me trouve en situation de croix.
J'en souffre grandement dans le noir.
Et ceci est plus que normal. Ce n'est pas assez, ce ne sera jamais assez de t'aimer, mon Dieu, Toi qui mérites tout, Toi qui mérites plus, à jamais plus que mon Brisement complet.
Adveniat regnum tuum [1] ! »

Le choix de la chasteté pour le Royaume n'épargne pas les tentations, mais souvent, comme cela se voit dans la vie des saints, il les accroît.

« La tentation est le creuset dans lequel se purifie la chasteté et le bain froid dans lequel elle se renforce, tel l'acier qui, au contact de l'eau, se tempère. Si l'ennemi continue à te faire la guerre, cela pourrait vouloir dire qu'il n'a pas encore obtenu ce qu'il cherchait, sinon il cesserait de te tourmenter. Si tu expérimentes la lutte dans ta chair, cela veut dire que tu n'as pas consenti, autrement tu aurais aussitôt la paix ; une fausse paix,

1. Billet épars de Jean Ploussard, tiré de ses carnets de route. Sur le sujet de la chasteté, lire l'excellent petit ouvrage de R. CANTALAMESSA, *La virginité*, éditions du Lion de Juda 1990.

bien entendu. Crains plutôt et interroge-toi si tu n'as aucun combat, et reconnais que cela vient, ou d'un don gratuit de Dieu, et alors tu dois simplement le remercier et t'en sentir indigne, ou d'une habitude au mal et au compromis, et alors tu dois te réveiller de ton sommeil [1]. »

5. Seigneur, mon partage et ma coupe :
de toi dépend mon sort.

6. La part qui me revient fait mes délices ;
j'ai même le plus bel héritage !

Oui, Seigneur, Tu me suffis. Tu es mon partage, qui célèbre la joie de l'amour, comme les fiancés qui, le jour de leur mariage, boivent à la même coupe pour sceller un même et unique destin.

Le consacré peut aussi y voir la coupe eucharistique, dans laquelle il trouve toute la force et la joie du Bien-Aimé, en désirant partager le même destin que le Sien.

Tout donné à son Seigneur, le consacré veut que Lui seul conduise sa vie.

« En ce verset 5 du psaume, ne croyons-nous pas voir énoncées ensemble, comme pour la première fois, les trois dimensions qui seront celles mêmes d'une vie consacrée, que ce soit à l'intérieur de la vie religieuse ou dans le monde : Tu es mon partage, c'est-à-dire tout mon bien (expression de la pauvreté) ; Tu es ma coupe d'amour, d'ivresse et de fête (expression de la chasteté) ; Tu détermines mon destin (expression de l'obéissance à Dieu) [2]. »

---

1. R. Cantalamessa, *La virginité*, *op. cit.*, p. 89-90.
2. B. Arminjon, *op. cit.*, p. 295.

7. Je bénis le Seigneur qui me conseille :
même la nuit mon cœur m'avertit.

8. Je garde le Seigneur devant moi sans relâche ;
il est à ma droite : je suis inébranlable.

Présence constante du Seigneur au cœur de celui qui l'a choisi pour toujours. Belle illustration du don de conseil : *« Le Seigneur me conseille Mon cœur m'avertit. »* Par ce don, le Seigneur nous enseigne de l'intérieur, inspirant nos choix et indiquant la route à suivre. Nuit de l'inconscient habité par le Seigneur pour défaire les pièges des pulsions aveugles, qui conditionnent nos décisions et orientations. L'inconscient, peu à peu, s'éclaire et nos choix deviennent de plus en plus libres. Nuit de l'épreuve aussi, où Il nous apprend à tenir debout dans l'espérance et à progresser par des chemins que Lui seul connaît. Dans toutes nos nuits, et même celles du sommeil réparateur, le Seigneur continue de nous garder, de nous protéger et de nous instruire. Émerveillé de sa présence continuelle jusque dans les moindres détails de sa vie, les lèvres du psalmiste ne peuvent que Le louer et Le bénir pour cela.

Garder le Seigneur devant soi sans relâche, n'est-ce pas l'œuvre d'une âme qui Lui est totalement consacrée ? De là vient toute sa solidité : *« Il est à ma droite, je suis inébranlable. »*

9. Mon cœur exulte, mon âme est en fête,
ma chair elle-même repose en confiance :

10. tu ne peux m'abandonner à la mort
ni laisser ton ami voir la corruption.

La bénédiction, la simple louange éclate en exultation et tout devient paix, confiance, sérénité liée à la présence du Seigneur. Le priant sait que, malgré la chair avec ses passions toujours prêtes à se réveiller, il n'a plus rien à redouter. Toute son espérance et sa force reposent sur la fidélité de Dieu. Et cette union à Dieu reste solide pour toujours, s'ouvrant et s'épanouissant dans l'Éternité. La mort marquera simplement l'achèvement des épousailles commencées sur la terre. Pas encore délivré des faiblesses de la chair, le psalmiste proclame dans la foi que le Seigneur ne le laissera pas déraper dans tout ce qui est dévié et corrompu, malgré toutes les tentations que lui offre le spectacle du monde, car, en effet, *« l'Amour est fort comme la mort, les grandes eaux ne pourront l'éteindre ni les fleuves le submerger »* (Ct 8, 7).

11. Tu m'apprends le chemin de la vie :
devant ta face, débordement de joie !
À ta droite, éternité de délices !

Oui, tu m'apprends le chemin de la vie à travers le combat spirituel et l'union d'amour avec Toi. C'est en contemplant ta Face que je déborde de cette joie spirituelle qu'aucun plaisir humain ne peut donner. C'est en adorant ta Face dans l'Eucharistie, où Tu te donnes entièrement dans l'Amour, que je me rassasie de ta force et de ta joie. Don inépuisable qui s'ouvre sur cette éternité de délices, que seule l'espérance peut entrevoir : *« L'Esprit et l'épouse disent : Viens !... Amen, viens Seigneur Jésus ! »* (Ap 22, 17 ; 20)

Psaume 21

Tristesse, angoisse, désespoir

2. Mon Dieu, mon Dieu,
pourquoi m'as-tu abandonné ?
Le salut est loin de moi,
loin des mots que je rugis.

3. Mon Dieu, j'appelle tout le jour,
et tu ne réponds pas ;
même la nuit,
je n'ai pas de repos.

De cette lecture du psaume 21 émane un désespoir criant, une angoisse mortelle. Les deux premières strophes donnent le ton à tout l'ensemble. Sentiment de total abandon, d'oubli, de rejet de la part d'un Dieu qui ne répond plus, de jour comme de nuit, et qui laisse l'âme dans le désarroi. Mais, plus profondément encore, le psalmiste se voit soulevé par une puissante lame de fond, sa foi et son espérance : le *« Mon Dieu »* se dresse comme un rocher, au milieu d'une mer en furie, autour duquel s'enlace le cœur en péril. Fort de sa foi, dons de force et de crainte, de peur de perdre son Dieu, le priant ne veut, pour aucun motif, rompre avec Lui. Il persévère dans la prière, pressentant que quelque chose de surnaturel va se produire. Dieu n'est-Il pas le Tout-Puissant, Celui qui détient les clefs des secrets de tout l'univers, Celui qui peut, en un clin d'œil, retourner la situation en faveur de l'homme ou (tout au) plus, retourner l'homme lui-même pour lui permettre d'assumer, dans la foi, une situation momentanément sans issue ?

Excellent commentaire de ces premiers versets que ce billet griffonné à la hâte par un Juif du ghetto de Varsovie, en 1943, peu avant sa mort :

> « Je crois au Dieu d'Israël, même s'il a tout fait pour briser ma foi en lui. Mes relations à lui ne sont plus celles d'un serviteur vis-à-vis de son maître. Je crois à ses lois, même si je conteste la justification de ses actes. Je me courbe devant sa grandeur, mais je ne baiserai pas le bâton qui me châtie. Je l'aime, mais j'aime encore plus sa loi. Et même si je m'étais trompé à son sujet, je continuerais à adorer sa loi… Je te dis tout cela, mon Dieu, parce que je crois en toi, parce que je crois plus que jamais en toi, parce que je sais maintenant que tu es mon Dieu, et non le Dieu dont les actes sont l'horrible fruit de leur impiété militante. Je ne puis te louer pour les actes que tu tolères, mais je te bénis et je te loue pour ta majesté qui inspire la crainte…
>
> La mort ne peut plus m'attendre maintenant. Je dois achever d'écrire… Le soleil se couche et je te remercie, Dieu, de ne plus le voir se lever. Des rayons rouges tombent par la fenêtre, le morceau de ciel qui m'est visible est flamboyant et coulant comme un flux de sang. Dans une heure tout au plus, je serai réuni à ma femme, à mes enfants et à des millions d'enfants de mon peuple dans un monde meilleur où il n'y a plus de doutes qui dominent et où Dieu est l'unique souverain. Je meurs paisiblement, mais non satisfait, mais non désespéré ; en croyant, mais non en suppliant ; en aimant de Dieu, mais non en aveugle diseur d'Amen.
>
> J'ai suivi Dieu, même quand il m'a repoussé loin de lui. J'ai accompli son commandement même lorsque, pour prix de cette observance, il me frappait. Je l'ai aimé. J'étais et je suis encore épris de lui, même lorsqu'il m'a abaissé jusqu'à terre, m'a torturé jusqu'à la mort, m'a réduit en honte et dérision. Tu peux me torturer jusqu'à la mort, mais je croirai toujours en toi. Je t'aimerai toujours malgré toi.
>
> Et ceci sont mes dernières paroles, mon Dieu de colère : tu ne réussiras pas à me faire te renier. Tu as tout entrepris pour que

je tombe dans le doute. Mais je meurs comme j'ai vécu, dans une foi inébranlable en toi [1]… »

4. Toi, pourtant, tu es saint,
toi qui habites les hymnes d'Israël !

5. C'est en toi que nos pères espéraient,
ils espéraient et tu les délivrais.

6. Quand ils criaient vers toi, ils échappaient ;
en toi ils espéraient et n'étaient pas déçus.

7. Et moi, je suis un ver, pas un homme,
raillé par les gens, rejeté par le peuple.

8. Tous ceux qui me voient me bafouent,
ils ricanent et hochent la tête :

9. « Il comptait sur le Seigneur : qu'il le délivre !
Qu'il le sauve, puisqu'il est son ami ! »

10. C'est toi qui m'as tiré du ventre de ma mère,
qui m'as mis en sûreté entre ses bras.

11. À toi je fus confié dès ma naissance ;
dès le ventre de ma mère, tu es mon Dieu.

Il n'y a pas de raisonnement sur le mal dans ce psaume ni de fatalisme, mais le cri d'un cœur simple et bouleversé, qui s'en prend à Dieu avec cet accent passionné venant de

---

1. Cité par M.-D. Molinié, *Le combat de Jacob*, Paris 1982, p. 89-90.

l'amour et attendant une réponse dans une confiance complètement folle et délirante. Sans cette confiance éperdue en la Sainteté d'un Dieu qui peut tout, comme Il l'a montré dans l'histoire en délivrant les pères, il y aurait de quoi être plongé dans le désespoir, jusqu'à souhaiter s'enlever la vie. Soutenu par l'expérience des anciens, notre priant continue d'espérer en Dieu et de s'y accrocher fermement.

Non seulement abandonné de Dieu, mais encore des hommes qui le bafouent et se moquent de lui, le psalmiste se sent comme un ver, mou, sans consistance, prêt à être écrasé. Il n'a d'importance pour personne.

Et l'on entend les mêmes refrains : « Toi qui as toujours prié, regarde ton Dieu, il t'abandonne, ça ne sert à rien de croire quand on voit le résultat… »

À ces railleries, il répond par un sursaut d'espérance mêlé d'affection filiale et de tendresse : c'est Toi qui m'as tiré du ventre maternel, Tu étais avec moi dès le sein maternel, Tu es mon origine, Tu es ma source d'existence. Si je ne vaux plus rien pour les autres, j'existe sous Ton regard. Rejeté, j'affirme pourtant que Tu me veux en vie et que Tu as voulu que je vienne à l'existence. Tu m'as désiré de toute éternité, oui, Dieu *« nous a choisis en lui (le Christ) avant la fondation du monde pour que nous soyons saints et irréprochables sous son regard, dans l'amour »* (Ep 1, 4). Cette assurance, proclamée dans la nuit de la foi, empêche de verser dans les ténèbres du désespoir. Dans les situations les plus ténébreuses de notre vie, il faudrait relire, en le priant plusieurs fois, ce psaume, comme une proclamation de foi, pour que s'installe la certitude que, d'une manière ou d'une autre, Dieu répondra. Et Dieu répond toujours à la prière du pauvre, celle qui monte d'un cœur déchiré et confiant.

Mieux qu'une définition de l'angoisse, les versets qui suivent montrent, par des images saisissantes et concrètes, l'action d'une angoisse devenant de plus en plus étouffante, jusqu'à l'agonie.

12. Ne sois pas loin : l'angoisse est proche,
je n'ai personne pour m'aider.

13. Des fauves nombreux me cernent,
des taureaux de Basan m'encerclent.

14. Des lions qui déchirent et rugissent
ouvrent leur gueule contre moi.

15. Je suis comme l'eau qui se répand,
tous mes membres se disloquent.
Mon cœur est comme la cire,
il fond au milieu de mes entrailles.

16. Ma vigueur a séché comme l'argile,
ma langue colle à mon palais.
Tu me mènes à la poussière de la mort.

17. Oui, des chiens me cernent,
une bande de vauriens m'entoure.
Ils me percent les mains et les pieds ;

18. je peux compter tous mes os.
Ces gens me voient, ils me regardent.

19. Ils partagent entre eux mes habits
et tirent au sort mon vêtement.

20. Mais toi, Seigneur, ne sois pas loin :
ô ma force, viens vite à mon aide !

21. Préserve ma vie de l'épée,
arrache-moi aux griffes du chien ;

22. sauve-moi de la gueule du lion
et de la corne des buffles.

L'angoisse augmente jusqu'à devenir crise de panique. L'étymologie, en grec biblique, du mot angoisse traduit bien ce que l'individu ressent, *stenokhoria* : « enserré, étouffé, bloqué, dominé par la crainte ».

Tous les symptômes psychologiques d'une réelle crise de panique apparaissent derrière ces métaphores :

– encerclement par des fauves, des taureaux : impression d'étouffement, douleurs thoraciques ;

– les lions ouvrent leur gueule pour me dévorer : sensation d'étranglement, peur de perdre le contrôle de soi, de devenir fou ;

– tu me mènes à la poussière de la mort : sensation d'engourdissement, peur de mourir ;

– mon cœur fond, ma vigueur a séché, la langue colle à mon palais : palpitations cardiaques, sensation de vertige et d'évanouissement, plus de salive dans la bouche, frissons ou bouffées de chaleur, tremblements ;

– comme des chiens et des vauriens : encerclement de pensées négatives et fixes, telles que : « Je ne m'en sortirai pas, c'est la fin, je meurs sur place… » ;

– sensations d'être brisé et battu à l'intérieur comme à l'extérieur : douleurs musculaires au niveau thoracique et cervical, brûlures d'estomac, maux de tête ;

Et puis, personne ne vient l'aider. Tout le monde le regarde, parle de lui, le juge selon les apparences, lui enlevant ses habits, c'est-à-dire sa dignité, pour mieux le mettre à nu et exposer ses blessures.

Derrière cette description psychopathologique de l'angoisse, s'annoncent, bien sûr, les souffrances du Christ au moment de sa Passion. N'a-t-il pas lui aussi dû endurer tout cela pour entrer dans sa gloire ?

De l'intérieur de ce resserrement, ce cri de confiance, qui ne cesse de percer la voûte des cieux, continue de frapper le cœur de Dieu, comme une flèche de feu.

Le psalmiste est en train de toucher les limites de sa résistance, proche de la destruction, l'épée venant trancher le dernier lien qui le rattache encore à la vie.

Tu m'as répondu !

23. Et je proclame ton nom devant mes frères,
je te loue en pleine assemblée.

24. Vous qui le craignez, louez le Seigneur,
glorifiez-le, vous tous, descendants de Jacob,
vous tous, redoutez-le, descendants d'Israël.

25. Car il n'a pas rejeté,
il n'a pas réprouvé le malheureux dans sa misère ;
il ne s'est pas voilé la face devant lui,
mais il entend sa plainte.

26. Tu seras ma louange dans la grande assemblée ;
devant ceux qui te craignent, je tiendrai mes promesses.

27. Les pauvres mangeront : ils seront rassasiés ;
ils loueront le Seigneur, ceux qui le cherchent :
« À vous, toujours, la vie et la joie ! »

28. La terre entière se souviendra
et reviendra vers le Seigneur,
chaque famille de nations se prosternera devant lui :

29. « Oui, au Seigneur la royauté,
le pouvoir sur les nations ! »

30. Tous ceux qui festoyaient s'inclinent ;
promis à la mort, ils plient en sa présence.

31. Et moi, je vis pour lui : ma descendance le servira ;
on annoncera le Seigneur aux générations à venir.

32. On proclamera sa justice au peuple qui va naître :
Voilà son œuvre !

Au plus profond de la détresse, proche de l'anéantissement total, voilà que Dieu, enfin, a répondu. C'est comme si le psalmiste nous disait : il vaut la peine de persévérer, Dieu finit toujours par répondre, Il ne nous tente pas au-delà de nos forces.

Les versets 23-32 éclatent en une longue action de grâce, qui annonce que le salut de Dieu dépasse les limites du psalmiste pour s'étendre à la terre entière. Voici que Dieu exauce ceux qui crient vers Lui avec persévérance et sans se lasser. Notre priant témoigne qu'à l'intérieur de ces nuits d'angoisse et de ces tunnels apparemment sans issue, Dieu soutient le pauvre qui fait confiance et ne le laissera jamais sombrer dans le désespoir. La prière du pauvre est toute-puissante sur le cœur de Dieu.

Ces versets ont un goût de Magnificat dans lequel Marie chante, par avance, la victoire de Dieu sur toutes les puissances du mal, en élevant les humbles et rabaissant ceux qui ont le cœur orgueilleux.

Au sein de nos angoisses, nous devrions avoir le courage de dire, proclamer ou chanter ce psaume comme un cri d'espérance. Quand nous avons le sentiment que Dieu ne nous donne plus de signes, alors, dans ces instants de sécheresse, au lieu d'en demander à tout prix, pourquoi ne pas décider de donner un signe à Dieu ou, mieux, de devenir nous-mêmes un signe pour Dieu ? Un signe de persévérance dans la prière, un signe d'espérance…

Voir aussi Ps 4, 19, 39, 68, 87 et le Magnificat (Lc 1, 47-56).

Psaume 128

Juste colère, résistances aux agressions

1. Que de mal ils m'ont fait dès ma jeunesse,
– à Israël de le dire –

2. que de mal ils m'ont fait dès ma jeunesse :
ils ne m'ont pas soumis !

3. Sur mon dos, des laboureurs ont labouré
et creusé leurs sillons ;

4. mais le Seigneur, le juste,
a brisé l'attelage des impies.

Souvenirs d'une enfance et d'une jeunesse mal vécues. Rejet, esclavage, coups, écrasement, à l'exemple du peuple d'Israël opprimé en Égypte.

Un père violent ou absent. Des parents trop occupés pour se soucier de moi. Une mère toujours malade, un père alcoolique. Des camarades de classe qui m'ont rejeté. Blessures d'amour…

Souvent, je me retrouvais à terre. Comme des laboureurs, on m'a « marché dessus », écrasé, creusé des sillons dans mon cœur par des paroles tranchantes, méchantes.

Mais personne n'a réussi à me soumettre et m'écraser complètement. Je me suis toujours relevé avec cette rage de faire face, de ne pas me laisser submerger, ni par la peur ni par l'angoisse. Et je n'ai jamais sombré dans la violence ou le désespoir.

Je proclame aujourd'hui que le Seigneur était là pour me secourir, en me donnant sa force pour résister. Il a protégé mon cœur du poison de l'amertume qui infecte les souvenirs. Il m'a libéré de l'attelage des pensées sombres qui enchaînent la mémoire au passé troublé.

5. Qu'ils soient tous humiliés, rejetés,
les ennemis de Sion !

6. Qu'ils deviennent comme l'herbe des toits,
aussitôt desséchée !

7. Les moissonneurs n'en font pas une poignée,
ni les lieurs une gerbe,

8. *et les passants ne peuvent leur dire :*
« La bénédiction du Seigneur soit sur vous ! »

Au nom du Seigneur, nous vous bénissons.

Cette colère, qui m'a permis de faire face et d'imposer le respect à mes persécuteurs, continue de bouillonner en moi. Elle me pousse en avant, maintenant, et me stimule à lutter aux côtés de ceux qui subissent l'injustice, contre les ennemis puissants de Sion, qui cherchent à l'écraser à cause de sa petitesse et de son humilité. C'est pourquoi, dans ma prière, j'insiste avec colère, afin que justice soit faite et que les ennemis de Sion deviennent aussitôt comme l'herbe desséchée.

Que toutes les formes d'injustice qui s'abattent sur les innocents soient pareilles à ces herbes jetées au feu, dont plus personne ne fait cas, et qu'elles subissent à jamais la malédiction de Dieu.

Psaume 108

Explosion de colère

Voilà le psaume le plus « colérique » de tout le psautier, à la limite de la violence, à tel point que la *Liturgie des heures* l'a écarté.

L'expression de la colère fait peur, il est vrai. Pourtant, comme nous l'avons vu plus haut, la colère est ce sentiment adéquat et positif permettant à celui qui a été frappé, menacé dans son intégrité, de se protéger, de faire barrière, de ne pas se laisser foudroyer dans son identité. Une injure, par exemple, donne une fausse image de ce qu'est l'autre en réalité. La colère agit comme le bouclier qui bloque la flèche de l'injure en cours de route et permet à l'agressé de ne pas rester enfermé dans la souffrance qu'elle provoque. Ces paroles fortes empêchent les protagonistes de passer à l'acte et de sombrer dans la spirale de la violence. Refoulée ou inhibée, la colère fait place à un autre sentiment, la tristesse, qui distillera, petit à petit, le poison de l'amertume.

Ce psaume, reconnu Parole de Dieu, permet un chemin thérapeutique où l'opprimé peut nommer sa souffrance en laissant s'exprimer la colère, pour se remettre en toute confiance entre les mains de Dieu. Il faut bien distinguer entre la colère, qui joue son rôle protecteur de l'intégrité de la personne, et le fait d'entretenir une colère, un ressentiment, un désir de vengeance. Reprendre un texte aussi fort que le psaume 108 en prière, c'est faire entendre la parole de ceux qui vivent l'absurdité de l'oppression, de l'injustice, de la violence. Devant les injustices, l'exploitation des faibles, la corruption des puissants, la violence, la torture, un être humain sent bouillir en lui l'indignation et lui cherche un exutoire. Le psaume peut être l'expression légitime et noble de cette indignation. C'est un psaume pour ceux qui ont faim et soif de justice. Prier ce psaume donne la parole aux personnes qui n'ont plus la force de crier. À ceux qui sont sans voix, il permet d'exprimer leur détresse et leur désarroi. À ceux qui sont victimes de violence, il offre une possibilité de s'adresser à ce Dieu si lointain.

1. Dieu de ma louange,
sors de ton silence !

2. La bouche de l'impie, la bouche du fourbe,
s'ouvrent contre moi :
ils parlent de moi pour dire des mensonges ;

3. ils me cernent de propos haineux,
ils m'attaquent sans raison.

4. Pour prix de mon amitié, ils m'accusent,
moi qui ne suis que prière.

5. Ils me rendent le mal pour le bien,
ils paient mon amitié de leur haine.

Il semble bien que le priant soit un innocent, injustement méprisé, qui expose les malédictions dont il est l'objet et dont la seule origine est une haine toute gratuite, alors que lui-même n'a témoigné que de l'amitié envers ses accusateurs. Le psaume commence par un cri lancé vers Dieu, mais Celui-ci garde le silence et c'est pourquoi le ton va augmenter, la colère se faire de plus en plus criante et violente : craint-il que ce silence soit compris comme une accusation de sa part ? Pour ne pas alourdir notre lecture, je laisse de côté les versets 6-14 qui sont le contenu des malédictions, allant même jusqu'à souhaiter la mort (8-9). Les versets 16-29 nous donnent la réaction du psalmiste face à ces opprobres :

16. Ainsi, celui qui m'accuse
oublie d'être fidèle :
il persécute un pauvre, un malheureux,
un homme blessé à mort.

17. Puisqu'il aime la malédiction,
qu'elle entre en lui ;
il refuse la bénédiction,
qu'elle s'éloigne de lui !

18. Il a revêtu comme un manteau la malédiction,
qu'elle entre en lui comme de l'eau,
comme de l'huile dans ses os !

19. Qu'elle soit l'étoffe qui l'habille,
la ceinture qui ne le quitte plus !

20. C'est ainsi que le Seigneur paiera mes accusateurs,
ceux qui profèrent le mal contre moi.

21. Mais toi, Seigneur Dieu,
agis pour moi à cause de ton nom.
Ton amour est fidèle : délivre-moi.

22. Vois, je suis pauvre et malheureux ;
au fond de moi, mon cœur est blessé.

23. Je m'en vais comme le jour qui décline,
comme l'insecte qu'on chasse.

24. J'ai tant jeûné que mes genoux se dérobent,
je suis amaigri, décharné.

25. Et moi, on me tourne en dérision,
ceux qui me voient hochent la tête.

26. Aide-moi, Seigneur mon Dieu :
sauve-moi par ton amour !

27. Ils connaîtront que là est ta main,
que toi, Seigneur, tu agis.

28. Ils maudissent, toi, tu bénis,
ils se sont dressés, ils sont humiliés :
ton serviteur est dans la joie.

29. Qu'ils soient couverts d'infamie, mes accusateurs,
et revêtus du manteau de la honte !

Dans les versets 16-20, le psalmiste souhaite que le mal lancé volontairement se retourne contre l'accusateur, et cela n'est que justice !

Dans les versets 21-27, il implore la miséricorde divine en reconnaissant que lui-même a besoin de l'aide divine.

Petit à petit, la colère et la révolte le mettent à nu, lui faisant voir ses propres blessures (22-24) et son besoin de Dieu, non seulement pour contrer ses ennemis et dénoncer l'injustice, mais aussi pour le fortifier et le guérir. La colère a joué son rôle protecteur, comme une barrière électrique, pour devenir soudainement supplication personnelle.

Pour illustrer ce psaume, je me souviens d'avoir accompagné un homme dont l'épouse était décédée dans un accident de voiture. Le choc fut tellement grand pour lui, inadmissible et révoltant, qu'il se mit à hurler contre Dieu toutes sortes de malédictions. Je lui dis qu'il avait le droit d'être en colère et d'adopter une telle attitude envers Lui, face à une injustice aussi criante, tout en étant sûr dans mon cœur que quelque chose se passerait un jour pour cet homme, car Dieu ne pouvait pas l'abandonner. Après des mois de révolte et de colère contre Dieu, il se mit à prier pour qu'Il lui vienne en aide et apaise sa souffrance. Il prit conscience alors de l'attachement, tellement possessif, qu'il avait entretenu avec sa femme qu'il en avait fait son idole, son dieu. Pour lui, rien ne pouvait leur arriver ni briser ce petit paradis artificiel, fermé aux autres. Par la suite, il ouvrit les yeux sur un monde fragile et éphémère, dont les événements nous échappent bien souvent, et comprit que seul Dieu peut apaiser les cœurs et soutenir ceux qui souffrent. Il commença un vrai chemin de foi dans la confiance et l'abandon. Et sa vie s'ouvrit à une quantité de nouvelles et belles amitiés.

C'est ainsi que, tout naturellement, notre psaume culmine dans l'action de grâce, non seulement pour avoir été libéré de ceux qui le condamnaient, mais parce que Dieu est venu rejoindre le priant dans sa pauvreté offerte et reconnue :

30. À pleine voix, je rendrai grâce au Seigneur,
je le louerai parmi la multitude,
31. car il se tient à la droite du pauvre
pour le sauver de ceux qui le condamnent.

En lisant ce psaume, nous savons que nous n'attaquons pas d'abord des ennemis extérieurs, mais les propres maux qui sont en nous : violence de certaines pensées qui nous torturent, angoisse, sentiments de culpabilité, péchés, obsessions, etc. La colère est le refus de pactiser avec ce qui nous fait mal. Elle est une étape vers l'acceptation de nos fragilités et de notre propre finitude, un terrain propice à la rencontre avec Dieu : une fois la colère apaisée, éteinte, la grâce de Dieu peut s'engouffrer et faire son œuvre dans les blessures qu'elle a mises à jour [1].

Voir aussi psaumes 34, 36, 68, 101, 136.

---

1. Pour une étude de ce psaume 108, voir M. MANNATI, *Pour prier les psaumes : cahiers Évangile n° 13* (1975) 15-20.

Psaume 50

Péché, regret, pardon

3. Pitié pour moi, mon Dieu, dans ton amour,
selon ta grande miséricorde, efface mon péché.

4. Lave-moi tout entier de ma faute,
purifie-moi de mon offense.

Cri d'angoisse et de confiance à la fois !

Angoisse liée au péché, qui accable le pécheur, et confiance plus forte que le péché. Avant de crier « pitié », le priant s'est comme glissé à l'intérieur de l'Amour de Dieu et de sa Miséricorde qui, tel un rempart, le garde de sa propre angoisse de culpabilité : *« dans ton Amour, selon ta Miséricorde »*. Ainsi protégé, il peut regarder son péché, le nommer et demander pardon.

L'étude de ce premier verset est capitale et riche d'enseignement, lorsque nous parlons de « confesser ses péchés et de se reconnaître pécheur ». Cette reconnaissance n'a rien d'une culpabilisation morbide où le fautif tourne en rond sur ses fautes, sans savoir comment s'en sortir. Bien au contraire, l'homme qui s'adresse à Dieu, immergé dans son Amour, fixe d'abord les yeux sur sa Miséricorde et, avant même de nommer son péché, il se sait déjà pardonné. C'est notre conscience qui nous condamne, tandis que Dieu la libère du poids de la culpabilité. Plus encore, Il se précipite vers nous, comme une mère lorsque son enfant s'est blessé par sa faute :

> *« Quand Israël était jeune, je l'aimais, et d'Égypte, j'appelai mon fils. Mais plus je les appelai, plus ils s'écartaient de moi ;*

> *aux Baals ils sacrifiaient, aux idoles ils brûlaient de l'encens. Et moi j'ai appris à marcher à Ephraïm, je le prenais par le bras et ils n'ont pas compris que je prenais soin d'eux ! Je les menais avec des attaches humaines, avec des liens d'amour ; j'étais pour eux comme ceux qui soulèvent un nourrisson tout contre leur joue, je m'inclinais vers lui et le faisais manger... Mon peuple est cramponné à son infidélité. On les appelle en haut, pas un qui se relève ! Comment t'abandonnerais-je, Ephraïm, te livrerais-je, Israël ?... Mon cœur en moi est bouleversé, toutes mes entrailles frémissent. Je ne donnerai pas cours à l'ardeur de ma colère, je ne détruirai pas à nouveau Ephraïm car je suis Dieu et non pas homme, au milieu de toi, je suis le Saint et je ne viendrai pas avec fureur. »* (Os 11, 1-9)

Et encore cette belle parole de saint Jean qui résume tout :

> *« Et devant Dieu, nous apaiserons notre cœur, car si notre cœur nous accuse, Dieu est plus grand que notre cœur et il discerne tout. »* (1 Jn 3, 19-20)

Dans l'épisode de *l'enfant prodigue,* avant de se mettre en face de son péché en vérité, c'est d'abord le regard aimant du père qui se découvre en lui, comme les premiers rayons du soleil après l'orage. Fort de ce visage qui l'a toujours aimé, il peut décider en toute confiance de retourner vers son Père (cf. Lc 15).

En effet :

> « Tout renouveau, toute réconciliation commence par ces paroles : *"Père, j'ai péché "* (Lc 15, 8). Ces mots n'expriment pas seulement l'aveu du péché, mais ils sont l'expression d'une prise de conscience de l'Amour du Père à travers l'échec d'une vie vécue en dehors de lui et contre lui. C'est le cri du cœur qui découvre soudain que sa vie n'a pas de sens dès lors qu'il abandonne la source pure et vraie de l'Amour pour se contenter de faciles et grossières contrefaçons.
> *"Père, j'ai péché "*, c'est cesser de se regarder, de contempler

son péché et son nombril pour se tourner résolument vers l'Amour du Père, pour accueillir son regard qui transforme notre cœur de pierre en cœur de chair. *"Père, j'ai péché "*, c'est se mettre en route et abandonner sa vie de débauche pour retrouver l'amitié du Père et la joie de partager le repas de famille. C'est quitter le pays de son égoïsme pour entrer dans le Royaume de Dieu et de la communion fraternelle [1]. »

Alors peut s'affirmer le désir sans crainte du psalmiste : *« Lave-moi, purifie-moi. »* Lui seul peut entrer dans les détails de notre histoire entachée et nettoyer les opacités de notre amour jusqu'à la racine. Ce qui nous est demandé est le regret sincère de nos fautes, avec le désir d'en être absous.

5. Oui, je connais mon péché,
ma faute est toujours devant moi.

6. Contre toi, et toi seul, j'ai péché,
ce qui est mal à tes yeux, je l'ai fait.

Le psalmiste se montre précis : il connaît son péché ! C'est le sien, et non celui d'un autre ou à cause d'un autre. Par crainte de souffrir, nous avons souvent tendance à nous excuser plus qu'à nous accuser : « C'est vrai que je me suis mis en colère en proférant des paroles blessantes, mais n'est-ce pas toi qui m'y as poussé, par ton attitudes et tes paroles, etc. ? » Au bout du compte, c'est toujours un peu la faute d'un autre. Depuis la cassure avec Dieu, le scénario ne fait que se renouveler :

---

1. H. Caldélari, *Pardon, source de vie : comment se confesser*, Paris-Fribourg 1981, p. 13-14.

> *« Tu as donc mangé de l'arbre dont je t'avais défendu de manger ! L'homme répondit : "C'est la femme que tu as mise auprès de moi qui m'a donné de l'arbre, et j'ai mangé !" Le Seigneur Dieu dit à la femme : "Qu'as-tu fait là ?" Et la femme répondit : "C'est le serpent qui m'a séduite, et j'ai mangé." »* (Gn 3, 11-13)

Finalement, personne ne se met en cause. Alors, comment résoudre le problème et s'en sortir ?

Reconnaître son péché, s'identifier à son péché, dire « je » et non pas « elle, lui, on », c'est situer son péché et permettre ainsi à la grâce de Dieu de venir soigner l'abcès là où il se trouve réellement, et non chez quelqu'un d'autre. En allant chez le médecin, par exemple, si nous lui disons simplement : « J'ai mal », sans plus de précisions, il ne pourra pas nous soigner. Plus nous serons précis sur la localisation de la douleur et sur les éventuelles causes qui sont en nous, plus le diagnostic sera précis et le médicament adéquat. Il arrive aussi, parfois, que des parents n'arrivent plus à gérer les problèmes de leur enfant et l'envoient consulter un psychologue. Très vite, le thérapeute s'aperçoit que ce sont les parents qui ont besoin d'être accompagnés, et non l'enfant !

Il n'est pas facile d'accepter une erreur, une blessure, un péché en dehors d'un Amour qui nous soutient et nous en libère. Le poids de la culpabilité devient parfois tellement lourd qu'on finit par le rejeter sur un autre, le refouler, ou alors le prendre totalement sur soi, comme si nous étions la cause de tout ce qui arrive, en jouant le rôle de bouc émissaire. Une autre solution consiste à le relativiser, voire à le nier, en se disant que tout le monde fait pareil et donc que ce péché, qui me posait problème, n'est plus un péché. Quoiqu'il en soit, nié ou accepté, le poids de la faute demeure une réalité et finit par peser lourd sur le conscient et l'inconscient de l'individu. En nous proposant la confession, le sacrement du Pardon, l'Église nous donne la possibilité de mettre un nom sur nos malaises, en discernant entre péché et blessure, sans que cela provoque en nous refoulement, repliement sur soi ou sentiment morbide de culpabilité. Toute l'attention est dirigée vers Dieu : *« Ce qui est mal à tes yeux, je l'ai fait. »* Le psalmiste ne se voit et ne se connaît pécheur qu'en Lui, que par rapport à Lui. Et c'est de Lui seul que viendra la libération. Il y a là changement de regard : fixé sur soi-même, il n'y a pas de solution ; fixé sur Dieu, la libération vient d'en haut, donnée par un Autre que soi.

Ainsi, tu peux parler et montrer ta justice,
être juge et montrer ta victoire.

7. Moi, je suis né dans la faute,
j'étais pécheur dès le sein de ma mère.

La logique voudrait que Dieu agisse par la justice, en condamnant le pécheur. Mais Dieu juge en condamnant le péché et en libérant le pécheur, telle est sa victoire !

Si notre psalmiste assume pleinement la responsabilité de sa faute, il constate toutefois sa condition d'homme fragile, limité et vulnérable, dès le sein maternel. Comme nous l'enseignera la doctrine de l'Église catholique sur le péché originel, tout homme vient au monde avec un penchant vers le mal, quelque chose de brisé dans sa relation avec Dieu. Il est porteur, dès sa naissance, d'un certain nombre d'inclinations qui le sollicitent et hantent son inconscient. Déjà, Job évoquait cet état radical de pécheur : *« Qu'est-ce que l'homme pour qu'il soit pur, et l'enfant d'une femme pour qu'il soit juste ? »* (Jb 15, 14.)

8. Mais tu veux au fond de moi la vérité ;
dans le secret, tu m'apprends la sagesse.

9. Purifie-moi avec l'hysope et je serai pur ;
lave-moi et je serai blanc, plus que la neige.

Combien il est important de faire connaître la vérité sur soi-même, vérité sans laquelle nous ne pouvons ni identifier ni nommer le malaise qui nous habite. Bien souvent, d'ailleurs, nous falsifions la vérité d'un acte ou d'une parole, après coup, comme cela nous arrange et toujours à notre avantage, par exemple : « Mais non, ce n'est pas ce que j'ai voulu dire, tu m'as mal compris… Ce n'est pas être agressif que de monter un peu le ton, non ?... J'ai simplement dit ce qui n'allait pas chez cette personne, je ne l'ai pas critiquée… Non, je ne suis pas négatif, mais plutôt réaliste… Je n'ai pas menti, j'ai simplement un peu exagéré… J'ai plaisir à la ou le rencontrer souvent, mais que penses-tu, ça n'ira pas plus loin, etc. » La lumière de la vérité ne dévoile pas simplement la perversité d'un acte extérieur ou d'une parole, mais encore doit-elle s'infiltrer à l'intérieur de la pensée, dans le secret de la conscience, et mettre à nu l'intention réelle de cet acte ou de cette parole. Rappelons-nous cette parole de Jésus : « *Quiconque regarde une femme avec convoitise* (Qui s'approprie la femme d'autrui) *a déjà, dans son cœur, commis l'adultère avec elle.* » (Mt 5, 28) À la racine de ce regard, apparemment innocent, se dévoile une intention mauvaise. Le courage de la vérité nous conduit à la lumière et nous empêche de tomber dans le piège du péché. Les dons de crainte et de conseil, qui perfectionnent la maîtrise de soi pour le premier et la prudence pour le deuxième, nous rendent dociles à la vérité.

De plus, instruit par le don de sagesse dans le « secret » de la conscience, celui qui cherche ainsi la vérité se réjouit de conformer ses activités et ses pensées à la volonté de Dieu. Instruit par ce don, il perçoit que son péché, aussi grave soit-il, n'est qu'un grain de sable au regard de la montagne de la Miséricorde de Dieu.

Si une source est polluée, tout le cours d'eau le sera aussi. Il en est de même pour le péché : le moi tout entier en subit les conséquences. La personne est mal dans sa peau, ses pensées sont absorbées par l'angoisse de la culpabilité, son comportement fuyant, secret ou agressif. C'est pourquoi le psalmiste, au verset 9, demande d'être lavé tout entier, jusque dans les conséquences du péché qui entache toute sa personne et la blesse.

10. Fais que j'entende les chants et la fête :
ils danseront, les os que tu broyais.

11. Détourne ta face de mes fautes,
enlève tous mes péchés.

Quel soulagement, après avoir reçu le pardon, quelle libération ! Une vraie fête ! Tandis que la culpabilité pèse des tonnes sur tout l'être, écrasant ses os, c'est-à-dire, dans le langage biblique, la charpente de l'être, sa solidité, sa sécurité sur laquelle nous nous appuyons. Le péché brise tout cela d'un coup de hache, venant ensuite saper la confiance en nous-mêmes. Nous ne savons plus sur qui, ou sur quoi, nous appuyer. Voilà la gravité du péché qui nous broie au plus profond de nous-mêmes. Voilà pourquoi, sans cette Face adorable du Seigneur qui se penche sur nous, au moment même où nous prenons conscience de ces dégâts, le mot de péché devient insupportable. Nous comprenons pourquoi le monde d'aujourd'hui caricature ce mot, en accusant l'Église de l'avoir inventé pour garder les croyants sous le pouvoir d'une peur factice et les empêcher de s'épanouir. Sans la rencontre avec cette Face divine, qui a le pouvoir *« d'enlever tous mes péchés »*, il aurait raison.

12. Crée en moi un cœur pur, ô mon Dieu,
renouvelle et raffermis au fond de moi mon esprit.

13. Ne me chasse pas loin de ta face,
ne me reprends pas ton esprit saint.

14. Rends-moi la joie d'être sauvé ;
que l'esprit généreux me soutienne.

15. Aux pécheurs, j'enseignerai tes chemins ;
vers toi, reviendront les égarés.

Mais le cœur reste fragile et le péché, à tout moment, peut se réinstaller comme à l'intérieur d'un moule déjà bien préparé.

Pour Dieu, le pardon est une récréation, le don d'un cœur tout à fait neuf. Pardonner, pour Lui, ce n'est pas réparer, mais recréer quelque chose de neuf :

> *« Je répandrai sur vous une eau pure et vous serez purifiés ; de toutes vos souillures, de toutes vos ordures, je vous purifierai. Et je vous donnerai un cœur nouveau, je mettrai en vous un esprit nouveau. J'ôterai de votre chair le cœur de pierre et je vous donnerai un cœur de chair. Je mettrai en vous mon esprit et je ferai que vous marchiez selon mes lois. »* (Ez 36, 25-27)

Le cœur pur est un cœur simple et sans dédoublement, sans hypocrisie, en harmonie entre l'intention et l'acte, entre la pensée cachée et la parole. L'esprit ferme, c'est le matériau solide pour reconstruire la charpente de l'être, renforcée par le don de force, comme le ferraillage du béton, pour nous encourager à aller de l'avant et ne plus regarder en arrière.

Il est donc clair que le Seigneur ne reprend pas cet Esprit Saint, ce souffle de vie qui fait de nous des êtres vivants, à l'image et la ressemblance de Dieu (cf. Gn 2, 7). Bien plus, le psalmiste demande que son esprit soit renouvelé et fortifié par un nouveau souffle, venu d'en haut, celui dont il est question chez Ézéchiel, celui qui transforme le cœur.

Alors, naturellement, un cœur aussi renouvelé et un esprit pareillement fortifié ne peuvent que faire de nous des témoins joyeux du pardon de Dieu, annonçant aux pécheurs un chemin possible de libération.

16. Libère-moi du sang versé, Dieu, mon Dieu sauveur,
et ma langue acclamera ta justice.

17. Seigneur, ouvre mes lèvres
et ma bouche annoncera ta louange.

Le verset 16 rappelle que selon la justice de l'Ancien Testament, la loi du Talion, le meurtrier doit, à son tour, verser son sang. Dans ce contexte, le psalmiste supplie Dieu de le sauver des conséquences de son péché par son pardon. Il pourra ainsi proclamer que Dieu fait justice, non en condamnant, mais en pardonnant.

Quant à nous, nous demandons que le Seigneur nous libère des conséquences de notre péché que sont, par exemple, un sentiment de culpabilité ou le remords qui persiste à la suite du pardon, le refus de pardonner chez la personne que nous avons blessée, l'impossibilité de réparer les suites du mal commis, une réputation détruite par des médisances, une personne atteinte dans sa chair ou dans son cœur à tout jamais, un objet de valeur brisé, etc.

Parfois, il y a moyen de compenser le mal commis, mais sans le réparer totalement. Seule la grâce de Dieu est à même de consoler efficacement, de prendre en charge la personne blessée et, parfois, de la guérir.

Toutefois, le pardon demeure efficace, et l'âme lavée en entier de toutes souillures. Dans ces cas-là, il faudra une grâce surabondante du Seigneur, pour que le pécheur puisse Le louer et ne plus regarder en arrière. Il faudra qu'Il vienne Lui-même remettre de la confiance dans cette âme troublée et l'ouvrir à la louange pour qu'elle se sente digne de Le suivre, ce que nous rappelle la vocation d'Isaïe ; devant la manifestation de la sainteté de Dieu, le prophète tremble :

> *« Alors je dis : "Malheur à moi, je suis perdu ! Car je suis un homme aux lèvres impures, j'habite au sein d'un peuple aux lèvres impures, et mes yeux ont vu le roi, le Seigneur Sabaot." L'un des séraphins vola vers moi, tenant dans sa main une braise qu'il avait prise avec des pinces sur l'autel. Il m'en toucha la bouche et dit : "Voici, ceci a touché tes lèvres, ta faute est effacée, ton péché pardonné." Alors j'entendis la voix du Seigneur qui disait : "Qui enverrai-je ? Qui ira pour nous ?" Et je dis : "Me voici, envoie-moi." »* (Is 6, 5-8)

18. Si j'offre un sacrifice, tu n'en veux pas,
tu n'acceptes pas d'holocauste.

19. Le sacrifice qui plaît à Dieu,
c'est un esprit brisé ;

tu ne repousses pas, ô mon Dieu,
un cœur brisé et broyé.

20. Accorde à Sion le bonheur,
relève les murs de Jérusalem.

21. Alors tu accepteras de justes sacrifices,
oblations et holocaustes ;
alors on offrira des taureaux sur ton autel.

Bien plus que des rites ou des gestes extérieurs, comme l'offrande des holocaustes sur l'autel du Temple, c'est le sacrifice du cœur qui plaît à Dieu.

Mais qu'est-ce que ce cœur brisé et broyé ? Il s'agit d'un cœur à la fois broyé par le péché et brisé par cette fulgurante invasion d'Amour divin. Le cœur brisé traduit ce qu'on appelle le repentir selon Dieu, c'est-à-dire celui qui conduit directement à Lui, nous dégageant ainsi de la tristesse. Voici ce que saint Paul écrit aux Corinthiens repentis à la suite d'un différend avec l'apôtre :

> *« Oui, si je vous ai attristés par ma lettre, je ne le regrette pas... Et si je l'ai regretté..., je me réjouis maintenant, non de votre tristesse mais du repentir qu'elle a produit. Car votre tristesse a été selon Dieu ; ainsi de notre part, vous n'avez subi aucun dommage. Car la tristesse selon Dieu produit un repentir qui conduit au salut et ne laisse pas de place au regret... La tristesse selon ce monde produit la mort. »* (2 Co 7, 8-10)

Aussi, dans les Actes des Apôtres, après le discours de Pierre, *« le cœur bouleversé* (le grec dit transpercé) *d'entendre ces paroles, les foules demandèrent à Pierre : "Que ferons-nous, frères ?" Pierre leur répondit : "Convertissez-vous ; que chacun de vous reçoive le baptême au nom de*

Jésus-Christ pour le pardon des péchés et vous recevrez le don du Saint-Esprit" » (Ac 2, 37-38). Ce choc de la rencontre entre les forces du mal et la puissance de l'Amour brise le cœur et allume un brasier qui se consume en une offrande s'élevant vers Dieu. Ce cœur brisé devient solidaire de toutes les souffrances des hommes et n'a qu'un seul désir : offrir le monde à l'Amour miséricordieux. Le serviteur souffrant d'Isaïe en est l'émouvante illustration :

> *« Mais lui, il a été transpercé à cause de nos crimes, écrasé à cause de nos fautes. Le châtiment qui nous rend la paix est sur lui et dans ses blessures nous trouvons la guérison... Maltraité, il s'humiliait, il n'ouvrait pas la bouche, comme l'agneau qui se laisse mener à l'abattoir, comme devant les tondeurs une brebis muette, il n'ouvrait pas la bouche. Par contrainte et jugement, il a été saisi. Parmi ses contemporains, qui s'est inquiété qu'il ait été retranché de la terre des vivants, qu'il ait été frappé pour le crime de son peuple ? On lui a donné un sépulcre avec les impies et sa tombe est avec le riche, bien qu'il n'ait pas commis de violence et qu'il n'y ait pas eu de tromperie dans sa bouche. Le Seigneur a voulu l'écraser par la souffrance ; s'il offre sa vie en sacrifice expiatoire, il verra une postérité, il prolongera ses jours, et par lui, la volonté de Dieu s'accomplira. À la suite de l'épreuve endurée par son âme, il verra la lumière et sera comblé. »* (Is 53, 5-11)

La dernière strophe de notre psaume (20-21) fait allusion aux sacrifices dans le Temple, lesquels ne sont pas abolis, mais vécus d'abord comme l'offrande de soi-même à Dieu. L'offrande ainsi contribue à la félicité de Sion, la ville sainte, Jérusalem.

Ce passage nous rejoint également, en comprenant que notre offrande personnelle au Père, dans l'amour et par le Christ, contribue à l'édification de l'Église, le Corps du Christ. Nos cœurs, brisés et broyés par le choc entre notre péché et l'invasion de l'Amour, au moment où nous recevons le Pardon divin, deviennent à leur tour offrande d'amour à l'Amour, promesse de nombreuses grâces pour le Monde.

Voir aussi psaumes 31, 35, 84, 102.

II

Tu peux tisser ta vie de toutes les qualités qui sont en toi

Un piano bien accordé, des doigts agiles et entraînés dansant sur le clavier exercent sur chaque touche une pression mesurée qui, par l'action d'un petit marteau, vient frapper la corde à l'intérieur de l'instrument pour la faire vibrer d'un son, d'une note musicale. Toutes les cordes en harmonie, chacune avec sa note différente, deviennent alors musique. Il faut bien des années d'entraînement et de répétition pour que, du musicien en herbe, naisse le virtuose du piano, capable d'arracher de ces cordes un air de Chopin, par exemple.

Il en est de même des passions humaines et des vertus. Au départ, les passions sont neutres, comme les cordes du piano avant un concert. Les vertus, tels les doigts sur les touches, vont se servir des passions et les exercer à produire des actes bons et constructifs de la personnalité humaine, ce qui demande également un long entraînement. Rappelons que la vertu se forme par la répétition d'actes bons où se conjuguent intelligence, volonté et passion.

Imaginez maintenant que des mains inexpérimentées s'abattent n'importe comment sur les touches en frappant le clavier à coups de poing. Les cordes émettront une véritable cacophonie, agressant l'oreille de l'auditeur. Les vices, tels ces coups de poing, pervertissent les passions, les utilisant au service du mal. Lorsque le péché s'infiltre dans le cœur de l'homme, il provoque un véritable tumulte au niveau des passions. Les désirs passionnés se retournent sur eux-mêmes, avides et égocentrés, et les hommes se dévorent, s'entredéchirent. Le retour continuel à Dieu, par la conversion, remet l'homme divisé sur le chemin de la guérison et de l'unité retrouvée avec lui-même et avec les autres. Plongé en Dieu, laissant rayonner en lui la lumière des vertus théologales, il apprend à se connaître lui-même et à construire ou reconstruire sa personnalité par l'exercice de toutes les vertus, comme nous le témoigne ce passage de la deuxième épître de Pierre :

> *« En effet, la puissance divine nous a fait don de tout ce qui est nécessaire à la vie et à la piété en nous faisant connaître celui qui nous a appelés par sa propre gloire et sa force agissante. Par elles, les biens du plus haut prix qui nous avaient été promis nous ont été accordés, pour que par ceux-ci vous entriez en communion avec la nature divine, vous étant arrachés à la pourriture que nourrit dans le monde la convoitise. Et pour cette raison même, concentrant tous vos efforts, joignez à votre foi la vertu, à la vertu la connaissance, à la connaissance la maîtrise de soi, à la maîtrise de soi la ténacité, à la ténacité la piété, à la piété l'amitié fraternelle, à l'amitié fraternelle l'amour. Car ces qualités, si vous les possédez en abondance, ne vous laissent pas inactifs ni stériles pour connaître notre Seigneur Jésus-Christ ; en effet, celui à*

> *qui elles manquent, c'est un aveugle qui tâtonne : il oublie qu'il a été purifié de ses péchés d'autrefois. C'est pourquoi, frères, redoublez d'efforts pour affermir votre vocation et votre élection ; ce faisant, pas de danger de jamais tomber. »* (2 P 1, 3-9)

Nous avons donc toutes les qualités en nous afin de ne pas rester inactifs. La lettre de Pierre nous invite à redoubler d'efforts en nous engageant dans le combat spirituel, avec les armes de la vertu.

Cette lutte, l'homme ne doit pas la mener seul, mais toujours dans un total abandon à la puissance divine. Croire que l'on peut y parvenir à la force du poignet est une illusion nous menant à une défaite assurée.

Josaphat, roi de Juda, encerclé par les Moabites (cf. 2 Ch 20, 12-23), sans aucune chance de les vaincre, s'écrie vers Dieu :

> *« Nous sommes sans force devant cette foule immense qui nous attaque. Nous ne savons que faire, aussi est-ce sur toi que se portent nos regards. »*

Dieu répond :

> *« Ne craignez pas, ne vous effrayez pas devant cette foule immense ; ce combat n'est pas le vôtre, mais celui de Dieu... Vous n'aurez pas à combattre. Tenez-vous là, prenez position, vous verrez le salut que le Seigneur vous réserve. »*

Réponse extraordinaire ! Il faut accepter que certains combats dépassent nos forces et, dès lors, prendre la bonne position. Laquelle ? S'en remettre totalement en Dieu, dans la confiance, pour Le laisser agir. Devant la menace imminente et au sommet de la panique, *« Josaphat s'inclina, la face contre terre, et tous les habitants de Jérusalem se prosternèrent devant le Seigneur pour l'adorer, puis ils se mirent à louer Dieu à pleine voix.* » Et, au départ pour la bataille, Josaphat s'écria : *« Écoutez-moi, croyez au Seigneur votre Dieu et vous réussirez !* » Puis le peuple s'avança en louant Dieu, reconnaissant la puissance de son Amour. Et c'est à ce moment-là que Dieu tendit une embuscade aux ennemis et les anéantit tous.

La prière devient alors l'arme efficace contre les événements contraires, en nous « maintenant » en Dieu, la bonne position pour Le laisser agir et vaincre nos ennemis intérieurs.

De quel côté ou de quelle manière entrer dans ce combat contre les passions qui minent notre personnalité ? Comment prendre la « bonne position » ? Par quel bout commencer ? D'abord à l'intérieur de notre esprit, là où se glissent les pensées mauvaises nous entraînant au mal.

1. Purifier le cœur des pensées perverses et obsédantes

Nous le savons, notre esprit est traversé de mille bonnes pensées qui nous éveillent à la vertu et la vertu suscite la beauté de l'action en faisant vibrer les passions de leur note musicale. Mais aussi mille autres pensées mauvaises s'y infiltrent, qui nous poussent au vice, engendrant la passion mauvaise et cette passion entache notre action.

La mauvaise pensée, si l'on ne la stoppe pas au départ, déclenche l'engrenage de la tentation :

> « Les Pères [de l'Église] ont discerné, en fins connaisseurs de l'âme humaine et de la psychanalyse, les étapes de la tentation […] : elle commence innocemment par une suggestion, parole ou image quelconque sans péché ; si l'âme dialogue avec elle, alors vient le consentement qui est déjà coupable, "l'acquiescement délectable" qui peut glisser jusqu'à la passion lorsque "l'objet gîte longtemps dans l'âme et lui donne une accoutumance" dit saint Jean Climaque ; finalement, vient

la captivité, où le cœur est entraîné involontairement avec violence, l'objet étant devenu son "trésor", il penche vers lui de son propre mouvement [1]. »

Il est impossible que notre esprit ne soit pas traversé de pensées multiples, bonnes ou mauvaises. Si leur naissance ne dépend pas toujours de nous, nous restons pourtant maîtres de les accueillir et de les approuver, au risque de succomber au mécanisme de la tentation. Elles peuvent surgir impulsivement de notre inconscient comme des forces illogiques et irrationnelles liées à des blessures ou des souvenirs enfouis ; elles peuvent encore se glisser en nous comme des suggestions du Malin sous forme de paroles ou d'images ; elles sont aussi engendrées volontairement par notre esprit qui les puise dans le réservoir de la mémoire ; enfin, Dieu Lui-même peut faire naître dans l'âme de bonnes pensées, sous forme d'intuitions, d'images, de révélations.

Comment discerner les bonnes des mauvaises pensées et purifier notre cœur de celles qui nous assaillent et nous obsèdent ? N'y a-t-il pas un truc, une technique pour cela ?

La seule réponse réside dans la décision de renoncer à tout pour suivre le Christ :

> *« Qui ne se charge pas de sa croix et ne me suit pas n'est pas digne de moi. Qui aura assuré sa vie la perdra et qui perdra sa vie à cause de moi l'assurera. »* (Mt 10, 38-39)

Suivre le Christ, c'est donc renoncer à nous plier aux passions mauvaises qui nous conduisent au néant et provoquent la véritable mort en nous et autour de nous (cf. Jc 4, 1-3). Et plus en amont, il s'agit de refuser toutes pensées et suggestions viciées. Plus nous entrons en communion

---

1. A. et R. Goettmann, *Prière de Jésus, prière du cœur*, Paris 1994, p. 185-186.

avec Dieu à la suite du Christ, plus nous recevons la force de lutter contre les pensées, telles des mauvaises herbes que l'on arrache de son cœur. Les trous et les égratignures douloureuses laissés à la suite de cet arrachement, Dieu y versera l'huile de sa tendresse et le baume de sa paix profonde et durable, qui n'a, d'ailleurs, plus rien à voir avec la satisfaction immédiate et passagère des passions. Plus nous entrons en communion avec Dieu, plus Il nous arme des dons du Saint-Esprit venant rapidement consolider nos vertus de force, de tempérance, de prudence et de justice, plaçant peu à peu notre personnalité sur une base solide, telle la maison bâtie sur le roc (cf. Mt 7, 24-27).

À partir de là, nous pouvons placer un gardien ou un veilleur à la porte de notre cœur, le chargeant d'empêcher les mauvaises pensées d'y pénétrer, celui que les Pères nomment *la vigilance, la garde du cœur, l'attention continuelle à Dieu*. Cette garde du cœur consiste tout d'abord à ne pas entrer en dialogue avec une pensée ou une suggestion mauvaise, car sans cela, la bataille est perdue d'avance. Le bon sens veut que nous coupions court à une suggestion qui nous entraînera sur le chemin du mal. En tenant en échec la tentation, on arrache le péché à la racine.

Ce gardien possède une arme redoutable, la prière continuelle, qui maintient l'âme continuellement en présence de Dieu et agit comme un roc contre lequel se brisent les pensées mauvaises. Lorsqu'une tempête se prépare à l'horizon de la conscience, l'attention à Dieu par la prière s'avère ici l'arme vraiment efficace. Elle nous détourne rapidement de l'orage menaçant, nous ramène sur des eaux plus calmes et dépassionnées. La « prière de Jésus » entre en droite ligne de cette discipline de l'esprit. Elle n'est pas naturelle au départ, mais, par la persévérance, elle se mettra ensuite spontanément en place comme une seconde nature.

2. Prière continuelle, prière de Jésus

D'après les enseignements de **Jean Cassien** (365-435) [1], il n'y a que la prière perpétuelle pour nous maintenir dans l'état de vigilance et d'amour. Prier sans cesse et être pur de cœur permet à l'âme de trouver la paix profonde, dégagée de toute inquiétude. Cette tranquillité d'âme, les Grecs l'appellent *l'hesychia*, « repos, quiétude, tranquillité », fruit de la prière du cœur. Pour soutenir la prière continuelle, Cassien propose de répéter sans cesse une formule tirée de l'Écriture, comme, par exemple, le premier verset du psaume 70 :

« *Ô Dieu, viens à mon aide, Seigneur, hâte-toi de me secourir.* »

Le contenu de cette invocation est riche d'affectivité et de spiritualité :

> « On y trouve l'appel à Dieu contre tous les dangers, une humble et pieuse confession, la vigilance d'une âme toujours en éveil et pénétrée d'une crainte continuelle, la considération de notre fragilité ; il dit aussi l'assurance du secours toujours partout présent, car celui qui ne cesse d'invoquer son protecteur est bien certain de l'avoir près de soi. C'est la voix de l'amour et de la charité ardents ; c'est le cri de l'âme qui a l'œil ouvert sur les pièges à elle tendus, qui tremble en face de ses ennemis et, se voyant assiégée par eux jour et nuit, confesse qu'elle ne saurait échapper, si son défenseur ne la secourt [2]. »

À la suite de Cassien, bien des Pères du désert utilisent une phrase de l'Écriture pour nourrir la prière continuelle et

---

1. Pour toute cette partie relative à la prière de Jésus, voir Jean Cassien, *Les collations ou l'unité des sources*, Textes choisis et présentés par J.-Y. Leloup, Paris 1992 ; J. Lafrance, *La prière du cœur*, Dourgne 1990 ; J.-Y. Leloup, *Écrits sur l'hésychasme*, Paris 1990 ; A. et R. Goettmann, *op. cit.* ; I. Karalis, *Chiesa : terapia per la malattia dell'uomo*, Roma 2002.

2. J.-Y. Leloup, *Écrits sur l'hésychasme*, *op. cit.*, p. 87.

conseillent à leurs disciples de la ruminer, non pas mécaniquement, mais avec amour pour que, sans interruption, le nom du Seigneur habite la mémoire du priant.

D'autres grands noms sont issus du même courant spirituel au IVe siècle, tels un saint Antoine dans le désert d'Égypte, saint Arsène, champion de l'hésychasme, saint Macaire, Evagre le Pontique, etc.

La Prière dite de Jésus prend sa source au Mont Sinaï, au Ve siècle. On attribue à saint Diadoque de Photicée la paternité de la fameuse formule : « Seigneur Jésus-Christ, Fils de Dieu, aie pitié de moi, pécheur. »

Il s'agit en l'occurrence de la combinaison de deux prières de l'Évangile : la prière de l'aveugle Bartimée sur la route de Jéricho : *« Fils de Dieu, aie pitié de moi ! »* (Lc 18, 38) et de la prière du publicain : *« Mon Dieu, aie pitié du pécheur que je suis ! »* (Lc 18, 13.)

Au fil des siècles qui suivront, la formule éveillera un véritable courant spirituel, dont l'invocation du Saint Nom de Jésus constitue le cœur. Citons au passage saint Grégoire Palamas (XIVe siècle) pour qui :

> « La prière fait naître en nous la vie mystique qui est l'éveil de l'énergie de l'Esprit, latente en nous depuis notre baptême. Il ne s'agit pas de répéter le nom de Jésus mécaniquement, mais de s'en nourrir comme d'un aliment. C'est une communion eucharistique qui nous amène à dire avec saint Paul : *"Ce n'est plus moi qui vis, c'est le Christ qui vit en moi"* [1]. »

Et pour couronner le tout, voici les *Récits d'un pèlerin russe*, d'un auteur anonyme, édités en Russie au XVIIIe siècle, ouvrage incontournable pour entrer et comprendre la spiritualité de la Prière de Jésus.

---

1. A. ET R. GOETTMANN, *op. cit.*, p. 59-60.

De manière simple, il raconte comment un maître spirituel orthodoxe initie un pèlerin assoiffé de Dieu à la prière continuelle, par l'invocation du Nom de Jésus, associant à cet entraînement cœur, corps et respiration, ce que nous allons voir ensemble maintenant.

Nous l'avons vu, la Prière de Jésus est plus que la répétition d'une formule : elle est une spiritualité, un chemin intérieur vers notre propre cœur, à la rencontre de Jésus qui nous irradie de la gloire de sa résurrection, de l'Esprit Saint Lui-même. Sa lumière enveloppe alors nos pensées, nos paroles, nos actions, nos travaux, nos relations et toutes nos journées. Chaque fois que nous disons « Jésus » dans la prière, nous actualisons sa présence et entrons dans le dynamisme de sa résurrection pour nous laisser porter vers le Père.

Pour commencer, comment nous y prendre ?

D'abord, il est nécessaire que le débutant se réserve des plages de silence dans la journée, loin du bruit et des activités. Le silence est la clef pour entrer dans la prière ; il ouvre au pèlerin le chemin qui le mène à la cellule de son cœur. Au commencement, chacun doit trouver son rythme et s'y soumettre avec régularité. Il n'y a pas de règle précise dans le temps, puisque la visée de la Prière de Jésus est de devenir perpétuelle. L'idéal serait d'y consacrer deux fois une demi-heure, le matin et le soir, ou au minimum une demi-heure tous les jours. L'invocation sera reprise ponctuellement tout au long de la journée : en attendant son bus, sur son lieu de travail, en marchant, lors d'une activité légère, le soir avant de s'endormir… pour devenir, avec le temps, quasi-continuelle, non comme quelque chose de forcé, mais, telle une mélodie montant naturellement du cœur, un arrière-fond musical à nos activités. Il vaut la peine de nous y entraîner sans nous lasser, en exerçant la persévérance (vertu de force). Voici, à ce sujet, l'enseignement délivré par le staretz (maître spirituel) au pèlerin russe en quête de Dieu :

> « La prière de Jésus intérieure et constante est l'invocation continuelle du nom de Jésus par les lèvres, le cœur et l'intelligence, dans le sentiment de sa présence, en tout lieu, en tout temps, même pendant le sommeil. Elle s'exprime par ces mots : Seigneur Jésus-Christ, ayez pitié de moi ! Celui qui s'habitue à cette invocation ressent une grande consolation et le besoin de dire toujours cette prière ; au bout de quelque temps, il ne peut plus demeurer sans elle et c'est d'elle-même qu'elle coule en lui. Comprends-tu maintenant ce qu'est la prière continuelle [1] ? »

Et plus loin, le pèlerin de saisir :

> « Les Pères ont raison de dire que la philocalie (traité sur la prière du cœur) est la clef qui découvre les mystères ensevelis dans les Écritures. Sous sa direction, je commençais à comprendre le sens caché de la Parole de Dieu ; je découvrais ce que signifie l'homme intérieur au fond du cœur, la prière véritable, l'adoration en esprit, le Royaume à l'intérieur de nous, l'intercession de l'Esprit Saint ; je comprenais le sens de ces paroles : vous êtes en moi ; donne-moi ton cœur ; être revêtu du Christ ; les fiançailles de l'Esprit dans notre cœur ; l'invocation Abba, Père ! Et bien d'autres [2]. »

Concrètement, comment procéder ?

La mise en route de la Prière de Jésus est relativement simple. Entré dans le silence, et après avoir trouvé la bonne position du corps (assis par exemple ou bien marchant à pas lents, les yeux légèrement tournés vers le sol), il suffit de trouver le bon rythme et ne plus le quitter.

---

1. Auteur anonyme, *Récits d'un pèlerin russe*, Livre de vie n° 62, Paris 1996, p. 29.

2. *Id.*, p. 56.

Il ne s'agit pas de répéter (mentalement) l'invocation mécaniquement, mais simplement comme elle vient, sur le rythme de la respiration, afin d'y entraîner toute sa personne, corps et esprit.

En voici deux possibilités :

– en inspirant : « Seigneur Jésus-Christ » et, à la fin de l'inspir, petit arrêt : « Fils de Dieu. »
– puis, en expirant : « Aie pitié de moi, pécheur. »

Et :

– en inspirant : « Seigneur Jésus-Christ. »
– en expirant : « Fils de Dieu. »
– en inspirant : « aie pitié de moi. »
– en expirant : « pécheur. »

La deuxième possibilité, qui divise la prière en quatre, convient mieux lorsque nous la ruminons en pleine activité. Il est possible aussi de ménager un espace de silence, sur plusieurs respirations, pour laisser résonner en soi le Saint Nom. Possible également, au fil de la prière, de « resserrer » de plus en plus l'invocation jusqu'à garder simplement le rappel du Nom : « Jésus ! »

3. Purifier ses pensées par la Prière de Jésus

Comment filtrer les pensées de son cœur dans le Nom de Jésus ?

> « Il y a en nous tout un flot de désirs, d'impressions intérieures et d'événements extérieurs qui nous mettent dans un tourbillon. Et cependant, nous sommes baptisés, l'Esprit Saint habite en nous et le Christ vit dans nos cœurs par la foi. Alors, nous retrouvons la mémoire toujours fraîche de la source où nous sommes nés, et nous replongeons nos désirs et nos impressions,

pour que tout notre être soit imprégné de la vie de l'Esprit. Nous développons le souvenir vivant du Seigneur Jésus à l'intérieur même de ces pensées pour qu'il les purifie.
Les Pères du désert parlent à ce sujet de la vigilance et de la garde du cœur. La conscience, armée du nom de Jésus, prend l'habitude de scruter attentivement les *logismoi* ("les pensées" en grec, mot pris dans l'Évangile), non pas les pensées cérébrales, mais les pensées comme pulsions germinatives qui peuvent devenir des obsessions : si ces pensées sont bonnes, alors on les revêt du nom de Jésus ; si elles sont mauvaises, alors on les détruit. Et cela surtout la nuit, c'est pourquoi le sommeil est important. Quand tout est calme, la conscience habitée par le nom de Jésus se poste auprès de l'abîme du cœur, qui est le subconscient, et quand monte une pensée, le germe d'une attitude existentielle, alors la conscience la scrute pour l'accueillir ou la détruire. L'invocation facilite la garde du cœur : lorsqu'une pensée, au sens évangélique, affleure au subconscient, il faut, avant qu'elle ne devienne obsessionnelle, écraser avec le Nom la suggestion démoniaque et transfigurer l'énergie ainsi libérée en la revêtant du même nom. Saint Jean Cassien dit bien qu'il faut invoquer le nom de Jésus au moment où l'on s'endort, pour que la prière pénètre le sommeil [1]. »

Autrement dit, la prière continuelle lance une lumière sur nos pensées, d'abord pour les discerner (discernement issu de la vertu de prudence et éclairé par le don divin de conseil), les accueillir ou nous donner la force de les chasser. Cependant, elle n'agit pas de manière magique, mais demande notre concours et notre engagement dans la persévérance.

Elle devient l'expression de nos combats intérieurs, de nos chutes et fragilités, du cri de confiance en la grâce plus forte que tout.

---

1. J. Lafrance, *op. cit.*, p. 64-65.

La rumination du Nom « éveille en nous la piété, fait vaincre toutes les tentations, combat toutes les maladies de l'âme : mauvais penchants, affections, vices, surtout charnels, irritations, dangers et occasions de péchés. Elle va contre les illusions, les manifestations nocturnes des démons, enfin elle fait garder le perpétuel souvenir de Dieu et fait maintenir facilement et sans peine une oraison assidue et continuelle [1] ».

Par exemple, lorsque nous sentons monter en nous une bouffée de colère, de tristesse ou un mouvement d'excitation de quelque nature qu'il soit, il faut, sans hésiter et sans attendre, invoquer le nom de Jésus, sauveur et libérateur, et y enfoncer nos émotions.

Lorsque la peur, l'angoisse ou toutes sortes de sentiments de culpabilité nous oppressent, la Prière peut être vécue comme une authentique thérapie spirituelle, nous décollant peu à peu de nous-mêmes et nous fixant sur Dieu. Plus qu'un exercice à faire, une habitude à prendre, il s'agit surtout d'un rendez-vous d'amour incontournable, où nous laissons Jésus être notre Sauveur.

4. La purification des pensées selon la doctrine d'Evagre le Pontique

Une autre arme de pointe, qui va de pair avec la prière continuelle pour assurer la « garde du cœur » et chasser les pensées perverses, c'est *l'ascèse*, du grec « exercice ». Chez les Pères du désert, l'ascèse désigne précisément l'entraînement au combat spirituel, c'est-à-dire tous les efforts que le croyant doit exercer pour lutter contre tout ce qui le détourne de Dieu, en l'occurrence les passions viciées et

1. R. ET A. GOETTMANN, *op. cit.*, p. 54.

déréglées, pour retourner leur puissante énergie vers Dieu. Une discipline à la fois du corps et de l'esprit.

Prière et ascèse collaborent ensemble pour veiller aux pensées déréglées qui viennent troubler la paix du cœur, fruit de cette union d'amour et de confiance entre l'âme et Dieu. La prière filtre, discerne et détecte les pensées du cœur de manière surnaturelle, tandis que l'ascèse se situe plutôt du côté de l'acte volontaire qui, avec l'aide des vertus, évite ou élimine les occasions qui contaminent les pensées, comme, par exemple, regarder des images impures, s'abreuver de boissons alcoolisées ou s'empiffrer de nourriture, participer à des discussions malsaines qui éveillent colère, haine, médisances, etc. La doctrine que nous abordons maintenant, celle d'Evagre le Pontique, en est une merveilleuse illustration.

Classé parmi les Pères du désert, Evagre (345-399) écrivit une œuvre abondante où il montre le but de la vie chrétienne et les moyens d'y parvenir. Le livre qui nous occupe ici s'appelle le *Practikè* [1], *traité pratique* célèbre, contenant une méthode spirituelle pour purifier l'âme de ses passions.

Traduit en langage moderne, le traité est une forme d'analyse des mouvements de l'âme et du corps, des pulsions, des passions et des pensées qui agitent l'être humain. Il nous

1. Voir Evagrio il Pontico, *Sui pensieri, Istruzioni per praticare la custodia del cuore et della mente nel cammino spirituale*, Roma 2005, ce traité est un raccourci, présenté par A. Schnöller ; J.-Y. Leloup, *Écrits sur l'hésychasme*, *op. cit.*, p. 51-73 ; par un chartreux, *Le discernement des esprits*, Paris 2003, p. 87-135. Je ne suivrai pas la doctrine d'Evagre à la lettre, je m'en inspirerai simplement en y ajoutant ma note personnelle, débordant aussi vers ces autres auteurs, pour rendre accessible sa pensée au monde moderne. Notons encore que la description des huit passions viciées par Evagre le Pontique correspond aux sept péchés capitaux décrits par saint Thomas d'Aquin au XIIIe siècle.

montre ensuite comment lutter contre les « pensées » (*logismoi*, en grec). Pour aborder cette lecture, il faut savoir que, dans l'Antiquité, les Pères identifiaient facilement nos forces obscures et passionnelles aux démons et les appelaient ainsi. L'intuition intéressante qui se profile derrière cette appellation met le doigt sur l'origine de cette déchirure dans l'homme : le démon, le diable, littéralement « ce qui divise » l'homme en lui-même (*dia-bolos*, en grec). Démon, diable, passion… c'est la même réalité, les mêmes obstacles qui empêchent la vie de l'Esprit de se manifester et de grandir en nous. Cet écrit s'adresse d'abord aux moines du désert pour les aider à parvenir à l'oraison pure, là où l'esprit repose en Dieu dans une totale quiétude. Pour y parvenir, le cœur doit se purifier de toutes les passions qui l'agitent. Sans cela, la prière sera toujours dérangée par des pulsions sauvages et des passions déréglées.

Evagre distingue huit « pensées » (*logismoi*) à l'origine de nos comportements déformés et malades. Les causes des ces attitudes ne sont pas toujours volontaires (la volonté consciente du sujet de faire mal) mais affectives, traduction d'une immaturité affective ou d'une blessure intime, ancienne ou nouvelle. Il ne faut donc pas les confondre avec les vices volontairement assumés contre les exigences de la morale.

Pour bien comprendre le traité pratique, nous divisons la présentation des huit « pensées » en trois parties, plus une quatrième proposant quelques conseils pratiques sur l'ensemble.

A) La purification de la partie affective

1. La gourmandise ou la gloutonnerie (Evagre utilise le terme grec de *gastrimargia*, « dérèglement du ventre ») : c'est la maladie de la consommation de nourriture, par la bouche certes, mais aussi par le regard, l'écoute, l'odorat, le toucher. Ce besoin effréné et pulsionnel de consommation ramène l'individu à des attitudes infantiles (qui recherchent le plaisir de l'allaitement, ce sentiment de sécurité sur le sein de sa mère) par lesquelles il tente de calmer ses peurs et son mal-être en ingurgitant une quantité de nourriture (boulimie) ou en refusant de s'alimenter (anorexie). Il dévoile l'état maladif et vicié des passions d'amour, de désir et de plaisir. Au niveau relationnel, l'esprit de consommation cherche à mettre la main sur l'autre, à le soumettre, à se l'approprier, à le manger et le transformer en soi, selon ses besoins.

Le démon de la pensée de gourmandise pousse l'individu à s'alimenter sans cesse et à se procurer de la nourriture par n'importe quel moyen. L'angoisse le prend à la gorge, une impression de solitude, de vide existentiel l'habite tant qu'il ne mange pas.

Les formes : hâte de manger, de se gorger de nourriture quelle que soit la qualité des aliments.

Les effets : la gourmandise plonge dans la tristesse, allume les feux de la passion sexuelle, engendre l'avarice.

Remède et ascèse : se résume en trois points : jeûne, abstinence, prière. La recherche des causes affectives liées à ce type de comportement s'avère également nécessaire. Une prise en charge psychologique aidera l'individu à prendre conscience que, derrière ces attitudes pulsionnelles, se cachent des peurs purement infantiles.

Cependant, avant de pratiquer une discipline trop sévère, il faudrait apprendre à manger correctement et avec modération, en ne se servant qu'une seule fois au lieu de deux, en mastiquant convenablement la nourriture, en prenant le temps de manger sans avaler goulûment son repas, en ne consommant rien entre les heures des repas, etc. Manger est aussi un acte social qui permet au groupe, à la famille de se rencontrer et de dialoguer. Le repas est aussi l'occasion de remercier Dieu, évitant ainsi la tentation de nous prendre pour les maîtres de la création et de faire de notre ventre un dieu ! Rendre grâce à Dieu, c'est aussi sortir de cet esprit de consommateur qui ne respecte plus rien ni personne, et s'octroie tous les droits sur les choses, pour entrer dans une relation de communion où la chose (la nourriture) devient l'occasion d'identifier et de reconnaître la présence de l'autre et de cet Autre qui est Dieu : *« Que vous mangiez, que vous buviez, quoique vous fassiez, faites tout pour la gloire de Dieu. »* (1 Co 10, 31) Dans ce même ordre d'idées, il serait également important de retrouver l'usage, dans les familles surtout, de prononcer les prières autour de la table avant et après les repas.

Le jeûne est aussi un excellent exercice, car il nous libère de l'esclavage de cette chair qui en réclame toujours plus, jusqu'à éteindre en nous tout souvenir de la présence de Dieu. Il nous révèle alors, de façon lumineuse, cette autre faim qui nous habite, celle de Dieu. Au début d'un jeûne, la chair souffre, se rebiffe, la tête tourne, l'estomac fait mal, symptômes normaux du corps qui se purifie, rejette ses toxines pour se régénérer lentement. Puis le corps se fait léger, l'esprit progressivement transparent et maniable. Des sentiments inconnus émergent du fond de l'être, une grande paix s'installe dans le cœur. Le croyant discerne l'action de l'Esprit-Saint dans son corps et dans son âme. L'esprit, auparavant troublé, devient aussi clair et pur que l'eau d'un lac de montagne après avoir été brassée par le limon. Dieu se fait clairement reconnaître au fond du cœur et la vie s'éclaire d'une lumière nouvelle [1].

Enfin, la Prière de Jésus que l'on mâche et rumine comme une nourriture, ce Pain de la Parole nous redonne le goût de la présence de Dieu car, en effet : *« Ce n'est pas seulement de pain que l'homme vivra, mais de toute parole sortant de la bouche de Dieu. »* (Mt 4, 4) Le chant des psaumes et des hymnes, la méditation des Saintes Écritures procurent aussi un apaisement.

2. L'impureté (Evagre utilise le terme *porneia* qu'il traduit par « esprit de prostitution » dans sa *practikè*, au chapitre I) : c'est traiter son corps ou le corps de l'autre comme une chose, un pur objet de plaisir sans âme. Lorsque l'esprit n'est pas ou plus suffisamment nourri par des relations d'amour vrai, ainsi que par le feu de l'Amour divin, il dégénère et ravage le corps qui s'enflamme. Ce feu d'amour, ce désir fou d'aimer et d'être aimé non comblé, allume les passions charnelles qui submergent tout le champ de la conscience et trouvent leur satisfaction dans l'exploitation de l'autre, en pensées comme en actes. Les Pères ont raison d'affirmer que l'impureté résulte directement d'une surabondance de nourriture car, effectivement, ce sont deux manières de consommer cet « autre » vu comme une chose de plaisir, de fusionner avec lui et, enfin, de détruire son âme en se l'assimilant pour sa satisfaction. L'impureté, seul ou à deux, est un enfer où l'on ne voit que son propre regard et qu'aucun autre regard ne vient croiser : moi, moi, et rien que moi, jamais satisfait et qui en veux toujours plus, jusqu'à la nausée.

1. Lire l'excellent ouvrage de R. Lejeune, *Jeûner, Guérison et fête du corps et de l'esprit*, Hauteville/Suisse 1994.

Le démon de la pensée d'impureté suggère, par des paroles persuasives et par des images, que l'abstinence sexuelle demeure chose impossible et n'aboutira à rien. Pour Evagre, les pensées démoniaques font miroiter dans l'âme des représentations ou des images de certains objets sensibles. Si l'âme entre en discussion, les images s'y impriment très fortement et la voici précipitée dans le tourment de la tentation. Par exemple, le rappel de tel souvenir précis, par une image ou une émotion, entraînera le sujet à commettre l'adultère dans ses propres pensées. L'âme, tellement troublée et tourmentée par la passion à cause de son adhésion à l'image ou à la suggestion, devient incapable de recevoir l'aide de Dieu (voir Traité, chap. II et XXV).

Les formes : toutes les relations illicites (adultère) en actes ou en pensées qui réduisent le partenaire à un pur objet de plaisir, ainsi que toutes les formes d'auto-érotisme, comme la masturbation [1].

Remède et ascèse : gourmandise et impureté sont liées et s'éveillent souvent en même temps, sans que la volonté intervienne. Il faut donc agir sur l'une et sur l'autre par le jeûne, la fuite des occasions qui réveillent les attraits charnels, l'occupation de l'esprit par le travail qui procure une saine fatigue, par des activités sportives, la méditation des Écritures, la prière continuelle qui évacue les pensées obsessionnelles ; et surtout, cultiver de saines amitiés, seules capables de combler le cœur et de placer l'esprit au-dessus

1. Si la masturbation apparaît, selon les psychologues, à un moment donné du développement psycho-sexuel de l'adolescent, comme un phénomène normal, il faut toutefois rappeler que l'humain, à l'opposé de l'animal, n'est pas soumis au réflexe de l'instinct. Il reste libre d'en être le jouet ou non, d'y céder ou de se maîtriser ; voilà une vérité à ne jamais oublier et qui se confirme dans l'expérience. La pensée démoniaque vient planter sa hache à la racine même de cette certitude, brisant ainsi notre volonté et la soumettant à la violence de la pulsion.

des sollicitations de la chair, car rien de plus terrible que l'isolement pour plonger l'esprit dans l'enfer des pulsions sexuelles. Il est un principe ascétique : ne jamais entrer en discussion avec les pensées sexuelles qui se présentent à la conscience ni essayer de les chasser, ce qui leur donnerait encore plus de place et d'importance. Au contraire, il faut simplement s'en détourner, sans panique ni forcing, vers des activités constructives.

À ce sujet, écoutons les conseils de saint Séraphim de Sarov :

> « Nous devons nous libérer de toute pensée impure, surtout en offrant nos prières à Dieu, afin de ne pas mélanger la puanteur aux aromates. Nous devons rejeter immédiatement les pensées tentatrices… faisant surtout attention à la gourmandise, à l'avarice, à la vanité… Si nous nous opposons à ce que le démon nous souffle à l'oreille, nous faisons bien. Le démon ne peut influencer que les passionnés. Il ne peut s'approcher que de l'extérieur de ceux qui se sont purifiés de leurs passions. L'homme peut-il éviter, dans sa jeunesse, d'être troublé par des tentations charnelles ? Il doit prier le Seigneur pour que s'éteigne, dès le début, l'étincelle du vice [1]… »

Un chemin thérapeutique (ou de guérison) s'avère aussi nécessaire lorsque les assauts compulsifs de la chair sont le résultat d'une blessure ou d'une frustration affective au moment du développement psychoaffectif de l'enfant et de l'adolescent. Quoiqu'il en soit, aucun individu ne peut prétendre traverser sa vie sans trouble de cet ordre-là, puisqu'il est lui-même marqué et fragilisé par les conséquences du péché originel.

---

1. Séraphim de Sarov, *Textes*, Paris 1979, p. 195.

3. L'avarice : (qu'Evagre nomme *philarguria*, « l'amour de l'argent ») désigne toute forme de crispation sur l'avoir.

> « Saint Jean Cassien raconte l'histoire de ce moine qui laissa de grands biens à l'entrée du monastère, chars, chevaux, maisons, etc. et qui, une fois entré, devint incapable de se séparer d'une "gomme" ; c'était plus fort que lui, il ne pouvait pas la prêter à ses frères. L'exemple est ridicule, mais illustre bien ces attachements irrationnels que certains peuvent avoir non seulement à l'égard d'un bien quelconque (gomme, livre, vêtement), mais aussi idée, pratique ou posture particulière. Il y a une sorte d'identification avec ce qu'on possède ; perdre cela, c'est comme se perdre soi-même [1]. »

L'avarice fait suite aux deux passions viciées précédentes, comme un besoin pathologique d'exister : manger, posséder le corps et se rassasier de la chair, puis s'accrocher à l'avoir, à la matière, tout cela donne l'impression, mais aussi l'illusion, de tenir la vie entre ses mains, de la fabriquer et de la conduire soi-même, à cause de cette peur morbide de la perdre, de retourner au néant, à l'inexistence. L'avare veut tout planifier, prévoir lui-même et organiser sa vie selon ses projets. Profondément insatisfait, il se lance dans l'activisme, ne supportant ni les silences ni les moments creux de son existence. Son avenir ne dépend que de lui, ne laissant aucune place à la confiance en Dieu et en sa Providence. Les réussites ne le satisfont jamais, elles attisent en lui de nouveaux désirs, encore plus forts, de nouvelles ambitions, de nouveaux projets, de plus en plus grandioses, voire inatteignables. Ce comportement trahit aussi un manque de sécurité personnel et un sentiment de ne pas être aimé qu'il chercher justement à « meubler ». Il est également le symptôme de peurs inconscientes et

1. J.-Y. Leloup, *Écrits sur l'hésychasme*, *op. cit.*, p. 56-57.

infantiles liées à des frustrations d'amour. En étouffant la générosité, l'avarice entretient chez le sujet la peur d'aimer, de se donner et donc de s'ouvrir totalement aux autres.

Le démon de la pensée d'avarice suggère une vieillesse solitaire, où les maladies surviendront accompagnées des amertumes de la pauvreté : la crainte morbide de devoir dépendre des autres, de ne plus pouvoir gérer sa propre vie.

Les formes : vouloir accumuler toujours plus de biens, sans jamais en être satisfait. L'avare ne partage rien, prêter lui devient un supplice ; il se laisse inviter, mais n'invite jamais ; au bar, il ne paie jamais sa « tournée » ; il regrette toujours ce qu'il a donné ; il rêve d'acquérir tout de suite des choses qu'il n'a pas et que les autres possèdent ; il se sent continuellement en manque de quelque chose, même si son compte en banque est juteux, etc.

Remède et ascèse : Evagre conseille de déplacer toute cette énergie compulsive, servant à « serrer » ce que l'on a, dans l'exercice (ascèse) du don de soi et du partage de ses biens aux autres. Le moine doit éviter d'entretenir des pensées d'attachement, surtout aux toutes petites choses, aussi insignifiantes soient-elles. Il doit imiter les marins qui, pris dans la tempête, jettent par-dessus bord tous leurs bagages à cause de la violence des flots (Traité pratique, chap. III).

Il s'agit de prendre la décision et de se forcer à partager son temps, ses choses, livres, outils, etc.

La prière du cœur demeure aussi efficace contre les pensées d'avarice.

4. La tristesse (*la lupè*, chez Evagre) : c'est la conséquence d'un manque, de la frustration ou de la non-satisfaction des désirs affectifs, des envies instinctives. Elle nous lie au souvenir des biens du passé, et qui ont disparu. La tristesse met tellement d'amertume dans le cœur qu'elle empêche le sujet de se concentrer sur quoique ce soit d'autre que sur la cause de son malheur ou de sa perte (une déception amoureuse, par exemple). Plus rien ni personne ne semble pouvoir le consoler.

Evagre dit que tous les démons des pensées poussent l'âme à s'attacher aux plaisirs. Mais celui de la tristesse agit autrement. Il vient détruire les pensées introduites par ses prédécesseurs pour prendre toute la place. En effet, la tristesse envahit tellement le cœur qu'elle chasse tous les plaisirs éprouvés, ne laissant place à aucune consolation. Parfois, le poids de la tristesse lance le sujet dans un tel désespoir qu'il ne voit plus d'autre issue que le suicide. Seul l'attachement sans condition au Seigneur peut chasser cette sorte de démon (Traité, chap. XII).

Le démon des pensées de tristesse : nous ligote au souvenir du bien perdu, celui que nous attendions ou que nous avions imaginé. Impossible dès lors de se concentrer sur le moment présent et de nous tourner vers l'avenir.

Les formes : la tristesse suit la non-satisfaction d'un désir, un dommage éprouvé, une colère éteinte.

Remède et ascèse : il faudrait pouvoir vivre avec les biens de ce monde sans en faire des absolus ou des idoles ; savoir garder une distance raisonnable avec toutes choses. Saint Séraphim précise :

> « C'est le propre de l'homme pusillanime et peu croyant que de trop s'inquiéter des affaires de ce monde… Si nous ne rapportons pas à Dieu les biens dont, en ce monde, nous jouissons, comment pouvons-nous attendre de Lui les biens promis dans l'autre ? Cherchons plutôt *"le Royaume de Dieu et sa sainteté, et tout le reste nous sera donné de surcroît"* (Mt 6, 33). Il est meilleur pour nous de mépriser ce qui n'est pas à nous, c'est-à-dire ce qui est temporaire et passager, et de désirer ce qui est à nous, c'est-à-dire l'incorruptibilité et l'immortalité. Car nous serons dignes alors de la vision de Dieu face à face comme les Apôtres pendant la divine Transfiguration

et, semblables aux esprits célestes, nous connaîtrons l'union à Dieu car nous serons *"pareils aux anges et fils de Dieu, étant fils de la résurrection"* (Lc 20, 36) [1]. »

Concrètement, l'invitation se fait plus vive ici de chasser les idées noires par la prière, de fuir les rêveries volontaires « toutes en couleurs », ces cinémas intérieurs palpitants où l'on s'invente des plaisirs virtuels pour fuir un moment pénible de la journée. L'ascèse consiste alors à porter toute son attention à l'instant présent pour se concentrer sur son travail, sa lecture, sur la personne qui dialogue avec nous.

B) La purification de la partie agressive

5. La colère (*orgè* chez Evagre) : il s'agit ici de la colère viciée, et non d'une saine agressivité, comme nous l'avions vu précédemment. Colère qui signifie ressentiment, haine, vengeance, violence vis-à-vis d'une autre personne.

En s'adressant au moine qui a tout quitté pour le Christ, Evagre compare la colère à un chien (méchant) de garde bien dressé, posté devant la porte de sa maison pour défendre son bien qui n'est rien d'autre, en vérité, que son propre ego, l'amour inconsidéré de lui-même. Alors, si tu t'es détaché de la richesse, des nourritures abondantes, de la gloire et des plaisirs, interroge le Père du désert, pourquoi élever ce chien de garde ? Si l'animal se jette contre les gens lorsqu'ils s'approchent de toi, il est évident que tu as trop de biens à défendre et que tu n'as pas tout donné ! La colère brise l'esprit d'oraison parce qu'elle clôt l'âme sur elle-même, et vice versa, l'oraison est germe de douceur et d'apaisement de la colère (cf. Traité, chap. V).

---

1. Séraphim de Sarov, *op. cit.*, p. 195.

Même si le lecteur n'a pas embrassé la vie monastique, il y a là de quoi méditer…

Le démon des pensées de colère : il nous relie à l'événement douloureux, à celui qui nous a blessés ; il entretient ainsi haine et rancœur, avec des désirs de vengeance. Faisant défiler continuellement les images du drame dans sa tête, le sujet finit par dénaturer la réalité des faits, les aggravant à l'extrême, transformant le grain de poussière en montagne !

Les formes : bouillonnement soudain de la partie agressive de l'âme jusqu'à l'éruption de paroles ou de gestes de violence, ou bien comme le feu qui couve sous la cendre, selon les tempéraments (introvertis ou extravertis). La colère, qui reste au-dedans et qui dure longtemps, torture l'individu par le ressentiment, l'amertume, les envies de se jeter sur l'agresseur, etc.

Remède et ascèse : d'abord de la douceur avec soi-même, pour la manifester ensuite à autrui, ce qui est la plus grand qualité du moine dans les écrits d'Evagre. Prendre un temps de partage avec une personne qui sait écouter et compatir pour décompresser le ballon de la colère ; dans ce partage, essayer d'objectiver l'événement en dépassionnant le souvenir et tenter de comprendre ce qui a poussé les deux parties en présence à réagir ainsi. Et surtout, cultiver le pardon des ennemis :

> *« Mais je vous dis, à vous qui m'écoutez : aimez vos ennemis, faites du bien à ceux qui vous haïssent, bénissez ceux qui vous maudissent, priez pour ceux qui vous calomnient. »* (Lc 6, 27-28)

Pardonner, selon l'Évangile, ne relève pas d'une attitude sentimentale, comme si nous disions : « Je sens que j'ai pardonné. » Ou bien : « Ça m'a fait du bien de pardonner, maintenant je me sens libéré. » Le pardon chrétien pose un acte de volonté qui ne reste pas soumis au sentiment ni aux émotions : « Je décide de pardonner sans tenir compte de ce que j'éprouve ou non dans ma sensibilité, en présence de mon ennemi. » Et comment ? La réponse se trouve dans le même texte de Luc : faire du bien à celui qui m'a blessé (rendre un service, ne pas l'ignorer, le saluer, etc.) ; demander au Seigneur de le bénir et prier pour lui, ne pas lui rendre le mal pour le mal, ne serait-ce que par la sage décision de ne pas le critiquer et d'en parler négativement auprès d'autres personnes, etc. Des attitudes à renouveler autant de fois qu'il le faudra, forcées au début, mais qui, à force de persévérance et sous l'action de la grâce, finiront par s'enraciner en nous et monter de notre cœur en toute vérité.

Le pardon évangélique des ennemis, vécu ainsi, libère peu à peu le cœur du ressentiment et du poison de l'amertume, devenant perméable au pardon de Dieu. Car, à travers notre disponibilité à le donner, c'est Dieu Lui-même qui passe, qui pardonne et guérit les blessures.

6. L'acédie (*akedia* peut être traduit par « ennui, torpeur, paresse, découragement ») : c'est une sorte de passion de mort qu'on appellerait la mélancolie en langage moderne. Elle introduit dégoût et lassitude dans tout ce que nous faisons et vivons.

Il s'agit d'une crise de croissance qui donne envie de tout arrêter et de changer radicalement de vie. Une crise de maturité qui éclate après des années d'engagement, de don de soi et de fidélité dans la vie consacrée, religieuse, dans le mariage ou dans tout autre engagement à long terme.

Une traversée du désert, où l'on n'éprouve plus aucun plaisir à l'ouvrage, avec cette folle envie de nouveautés. Les Pères appellent cette grisaille de l'esprit le *démon de midi*, qui apparaît souvent vers la quarantaine. Écoutons Evagre nous en parler :

« Le démon de l'acédie, qui est aussi "démon de midi", est le plus pesant de tous ; il attaque le moine vers la quatrième heure et assiège son âme jusqu'à la huitième heure. D'abord, il fait que le soleil paraît lent à se mouvoir, ou immobile, et que le jour semble avoir cinquante heures. Ensuite, il le force à avoir les yeux continuellement fixés sur les fenêtres, à bondir hors de sa cellule, à observer le soleil pour voir s'il est loin de la neuvième heure, et à regarder de-ci, de-là si quelqu'un des frères… En outre, il lui inspire de l'aversion pour le lieu où il est, pour son état de vie même, pour le travail manuel et, de plus, suscite l'idée que la charité a disparu chez les frères, qu'il n'y a personne pour le consoler. Et s'il se trouve quelqu'un qui, dans ces jours-là, ait contristé le moine, le démon se sert aussi de cela pour accroître son aversion. Il l'amène alors à désirer d'autres lieux où il pourra trouver facilement ce dont il a besoin et exercer un métier moins pénible, qui rapporte davantage ; il ajoute que plaire au Seigneur n'est pas une affaire de lieu : partout en effet, est-il dit, la divinité peut être adorée. Il joint à cela le souvenir de ses proches et de son existence d'autrefois, il lui représente combien est longue la durée de la vie, mettant devant ses yeux les fatigues de l'ascèse ; et, comme on dit, il dresse toutes ses batteries pour que le moine abandonne sa cellule et fuie le stade. Ce démon n'est suivi immédiatement d'aucun autre : un état paisible et une joie ineffable lui succèdent dans l'âme après la lutte. » (Traité, chap. XII)

Que le lecteur transpose ce texte sur son propre état de vie !

Remède et ascèse : il n'existe pas grand remède si ce n'est prier, persévérer dans son choix premier et, surtout, n'écouter aucune de ces consolations, aussi attrayantes et raisonnables qu'elles puissent paraître, nous suggérant de tout quitter.

Evagre encourage à la persévérance dans le combat, grâce à laquelle nous ressortirons plus forts qu'avant contre le mal, et surtout à ne pas fuir notre état de vie. Il nous invite aussi à méditer sur notre propre mort pour relativiser l'épreuve et remettre les choses à leur juste valeur et, enfin, à continuer à suivre paisiblement notre rythme de vie, de travail et de prière… (cf. chap. XXVIII-XXIX).

Voici, à ce sujet, une réponse pleine de sagesse :

> « Un frère rendit visite, dans la laure d'abba Gérasimos, à abba Alexandre, et il lui dit : "Abba, je veux me retirer du lieu où je réside, parce que je souffre d'acédie." Abba Alexandre lui répondit : "En général, mon enfant, c'est le signe que tu n'as pas à l'esprit ni le châtiment éternel ni le royaume des cieux, car sinon tu ne souffrirais pas d'acédie" [1]. »

C) La purification de la vaine gloire et de l'orgueil

7. La vaine gloire (*kenodoxia*, terme utilisé par Evagre, littéralement « une gloire vide, sans consistance, à l'image d'un beau ballon mais vide à l'intérieur ») : elle se traduit chez la personne par le besoin absolu et morbide de reconnaissance, qui a comme cause tous les manques et les frustrations du passé infantile. Un sentiment continuel d'insécurité habite le vaniteux, éprouvant sans cesse le besoin pulsionnel de parler de lui et de vanter ses exploits qui lui donnent une illusion d'importance. On dira de lui qu'il souffre d'une susceptibilité quasi-maladive, car il a toujours l'impression que les autres parlent de lui et le dénigrent. Une simple remarque le met hors de lui, tandis qu'un sourire d'approbation le lance dans une joie exubérante.

Nous tenons ici le bon exemple d'une blessure du passé, d'un manque, d'une frustration d'amour qui a miné l'estime

---

1. J. Moschos, *Le pré spirituel, Fioretti des moines d'Orient*, Paris 2006, n° 42.

de soi et qui, par la suite, a été infectée par le vice. Le péché a jeté son venin sur les passions blessées, les retournant contre le sujet lui-même et son entourage, les jetant tous deux entre les griffes de la colère et de l'angoisse !

Le démon des pensées de vanité : pour Evagre, la pensée de la vaine gloire s'infiltre chez le vertueux qui se croit être devenu un grand spirituel. En pensée, il se voit comme le Christ, faisant des miracles, chassant les démons, les foules accourant vers lui. Il sent en lui l'appel à devenir prêtre, ce qui lui donnera plus de crédibilité auprès des gens. Il faut dire qu'à l'époque, l'état sacerdotal était placé si haut que tout religieux normalement constitué devait se juger indigne d'un tel honneur (cf. Traité, chap. XIV et XXVIII). Il arrive, poursuit le Pontique, que, providentiellement, le Seigneur permette que se glisse soudainement, en plein milieu des rêves de ce vaniteux, un esprit d'impureté (littéralement : une porcherie de pensées, chap. XV) lâchant tout son arsenal de tentations sexuelles (littéralement : un esprit de prostitution), ramenant rapidement notre « saint prêtre » dans sa réalité d'être pécheur. Ceci confirme bien le mot de Pascal : « Qui fait l'ange fait la bête. »

Les formes : vanité liée à des avantages corporels et apparents (beauté physique), à des biens matériels, à des réussites professionnelles, spirituelles, etc.

Remède et ascèse : d'abord un remède tout simple : apprendre à se connaître soi-même, sa manière psychologique de fonctionner, l'étude de son passé, ce retour en arrière que l'on appelle l'anamnèse, aidé d'un homme d'expérience, d'un professionnel de l'âme humaine. Se comprendre soi-même et mieux cerner son caractère, ou le pourquoi de ses sautes d'humeur, aide à relativiser les événements et à les interpréter correctement, à pacifier sa conscience enfin.

Ensuite, lutter contre les tendances à toujours vouloir parler de soi, à désirer être vu, entendu, loué. Garder humblement sa place en mettant un terme à cette foule de projets et rêves qui agitent nos pensées, dont le seul but consiste à se valoriser et à fuir sa condition présente. Laissons une fois de plus la parole à Séraphim qui nous conseille de garder l'équilibre en toutes choses et de ne rien faire à outrance :

> « À un jeune novice qui venait lui demander la permission de porter des cilices et des chaînes, le staretz (Séraphim) répondit en riant : “Que veux-tu que je te dise ? Si un bébé venait me demander pareille chose, que lui répondrais-je ? Un homme qui mange et boit à sa faim, qui dort tout son saoul, qui ne peut supporter la moindre réprimande de la part de son supérieur sans tomber dans le découragement, est-il mûr pour porter des chaînes et des cilices ? Il faut être patient envers soi-même et supporter ses propres défauts comme on supporte ceux du prochain, mais sans se laisser aller à la paresse et en s'efforçant constamment de faire mieux... N'entreprends rien qui soit au-dessus de tes forces. Autrement tu tomberas et l'ennemi se moquera de toi. Certains ont beaucoup amassé dans leur jeunesse mais, au milieu de leur vie, ayant été tentés par les démons (de la luxure en particulier, c'est-à-dire des passions charnelles), ils n'ont pas su résister et ont tout perdu. Chacun doit être attentif à mesurer ses propres capacités” [1]... »

Disons pour conclure qu'il n'y a pas de remède miracle à la vaine gloire, si ce n'est d'approfondir toujours davantage notre relation avec le Seigneur qui, en infusant dans notre âme, progressivement, les dons de l'Esprit, vient Lui-même nous purifier et nous guérir.

8. L'orgueil (*uperèphania,* « hauteur démesurée, à l'opposé de l'humilité ») : si la vaine gloire pousse l'individu à

1. Séraphim de Sarov, *op. cit.*, p. 205-206.

vouloir être approuvé par les hommes, l'orgueil le conduit à s'enfermer dans son autosatisfaction, à se prendre pour la cause première de lui-même et à penser qu'il est, lui seul, l'auteur de ses progrès ou de ses vertus, selon Evagre. Finalement, en se prenant pour Dieu, il rompt toute relation avec Lui. Il s'arroge ainsi le droit de juger et condamner ses frères, de les faire vivre ou mourir, de décider de ce qui est juste ou faux, bien ou mal, selon ses propres critères, n'ayant plus d'autre référence (supérieure) que lui-même.

Les pensées d'orgueil entretiennent le mépris (haine, ressentiment, jugement) des autres, lorsque ceux-ci ne correspondent pas aux besoins de l'orgueilleux ou à ce qu'il attend d'eux.

Formes : volonté de puissance et de domination qui cherche à soumettre les autres, à conquérir des territoires, à s'imposer partout. L'orgueilleux a toujours raison et il lui est impossible de se remettre en question, de reconnaître une erreur. Psychologiquement atteint d'une surestimation de lui-même, cette maladie peut le jeter dans cette forme de psychose appelée *paranoia*, où le sujet se voit en surhomme (Nietzsche), investi parfois d'une grande mission pour le monde. Et lorsque le pouvoir politique est confié entre les mains de tels personnages… c'est toute une partie de l'humanité qui finit par en pâtir. L'histoire humaine a été, malheureusement, trop souvent entachée des conséquences de la soif du pouvoir et de l'orgueil humain.

Remède et ascèse : cultiver l'humilité et la vérité sur soi-même.

> « Rappelle-toi ta vie d'autrefois, écrit Evagre, et tes anciennes fautes, comment tu étais sujet aux passions, toi qui, par la miséricorde de Dieu, es parvenu à l'impassibilité, comment aussi le monde d'où tu es sorti t'avait infligé de nombreuses et fréquentes humiliations. Réfléchis encore à ceci : qui est-ce

qui te protège au désert ? Qui éloigne les démons qui grincent des dents contre toi ? De telles pensées engendrent l'humilité et ferment la porte au démon de l'orgueil [1]. »

Il n'y a rien d'autre qu'apprendre l'abandon entre les mains de Dieu, Le supplier de venir purifier notre âme :

« Quand Dieu verra qu'en toute pureté de cœur, tu te confies à Lui plus qu'à toi-même, alors une puissance inconnue de toi viendra faire en toi sa demeure. Et tu sentiras dans tous tes sens la puissance de Celui qui est avec toi », explique Isaac le Syrien [2].

Dans les relations humaines, apprendre à regarder l'autre comme un frère, à avoir besoin de lui, de ses conseils, etc.

D) Quelques conseils pratiques du Pontique

Les pensées de l'aube et de la nuit

Un moment particulièrement sensible à l'invasion des pensées obsédantes se situe à l'aube, entre l'état de veille et de sommeil, qu'on appelle la somnolence. Si l'esprit n'est pas vigilant à ce moment-là, il peut s'enflammer de pensées impures (colère, tristesse, sexe) et entrer en dialogue avec elles. Le cinéma intérieur se met alors en route…

Au réveil, la mémoire faisant son compte-rendu détaillé, le trouble de l'âme est assuré ! Le Pontique propose ici toute une pédagogie : dans un premier temps, il ne faut pas vouloir chasser ce genre de « démons », dans le but de les identifier, de cerner la nature de ces pensées, leur contenu exact (colère, fornication, etc.) pour connaître ce qu'elles révèlent

1. Cité dans : Par un chartreux, *Le discernement des esprits*, Paris 2003, p. 124-125.

2. St Isaac le Syrien, cité par A. et R. Goettmann, *op. cit.*, p. 180.

de nos conflits intérieurs, de ces forces irrationnelles qui montent de l'inconscient. Cet exercice se fera, bien sûr, en état de veille, la tête reposée et en pleine conscience. Une sorte de psychanalyse avant l'heure ! Les ayant ainsi dénoncées, nommées et surprises en flagrant délit, sachant quand et comment elles agissent, il sera alors facile de les piéger et de les briser contre une parole de l'Écriture (pensons à la Prière de Jésus). Il faut donc travailler sur les rêves, en faisant la liste des images et des scènes qui reviennent le plus souvent, pour en saisir les racines dans notre vie passée. Au moment de s'endormir, surtout, le moine enfermera dans la prière continuelle ces pensées qui reviennent souvent, avec leurs racines ou leurs causes, pour que le Seigneur vienne purifier la mémoire durant le sommeil et la protéger de l'arrivée d'autres « démons » (cf. Traité chap. IV et IX).

Il semble que, selon Evagre, les démons des pensées agissent avec plus de force la nuit, pendant le sommeil et le semi sommeil. Des nuits troublées préparent des journées tourmentées par les passions. Le moine accueillera ainsi plus facilement les pensées qui vont l'assaillir, d'où l'importance d'une garde accrue du cœur, par la prière continuelle, le chant des psaumes, le don désintéressé de soi et l'ouverture aux autres. Cependant, le moine ne doit pas paniquer lorsque ses rêves ont subi l'assaut des pensées, car ce serait leur donner de l'importance. Après les avoir identifiées, il doit simplement s'en détourner paisiblement pour vaquer à ses occupations (cf. XXVII). Il est aussi conseillé, non seulement d'analyser les pensées, mais de chercher les occasions qui les génèrent ou les alimentent, afin de les éviter. Par exemple, lorsque nous avons pris l'habitude de dire du mal de tel frère avec un autre frère, nous polluons l'esprit de pensées de rancœur et de jugement. Au moment de l'oraison, du semi sommeil et des rêves, celles-ci seront attisées comme le bois jeté dans le feu de cheminée (cf. XIX et XXXVII).

La complaisance dans les pensées

Ce qui pourrait arriver de grave, c'est que le sujet finisse par se complaire dans ces représentations mentales diurnes et nocturnes. Il trouve du plaisir à les laisser voyager dans ses pensées, vivant mentalement les scènes qui se présentent à lui, commettant péché sur péché, disant qu'il n'y a pas de mal à se faire du bien. Il glisse peu à peu vers l'aveuglement ou l'endurcissement du cœur, alimenté par la vaine gloire, se suffisant à lui-même. S'il prend conscience de son état, il doit absolument se réveiller et revenir à Dieu ! De l'habitude prise à se rouler mentalement dans les voluptés de la chair, comme la truie dans sa boue, jusqu'à rechercher un ou une partenaire dans la réalité, il n'y a qu'un pas (cf. XI). Si le moine, qui a peu à peu appris la liberté intérieure par rapport aux passions, se met à relâcher la vigilance un tant soit peu, « l'esprit de prostitution » revient en force par cette faille, introduisant dans le mental toutes sortes de nouvelles pensées et scènes impures. Mais cette épreuve n'a pas de raison d'être si le moine demeure constant et fidèle dans l'oraison et la pratique des vertus. Il en est de même des pensées de colère, par exemple, qui, entretenues, enflamment l'esprit, devenant un *« tison fumant »* (Is 7, 4), prêt à être lancé sur le premier venu, à la moindre étincelle (cf. XVI) !

Le bon pasteur

L'esprit est le bon pasteur de toutes les pensées et représentations venant du monde extérieur. Il doit chasser les loups (mauvaises pensées) et faire preuve de tendresse pour les brebis (bonnes pensées). Le Seigneur lui a donné un bon pâturage, sa Loi, pour mener tranquillement les brebis et les nourrir, ainsi qu'une harpe pour les pacifier, le chant des psaumes. Lorsque, mentalement, un frère est capturé par une bête sauvage (ressentiment, jugement), le pasteur doit hâtivement la chasser à l'aide de sa houlette (cf. XVII).

5. De l'exercice du discernement

Comment faire les bons choix au bon moment ? Comment savoir si telle suggestion, telle pensée ou intuition vient de Dieu ou non ? De quel esprit s'agit-il ?

Dans la vie de tous les jours, nous subissons de nombreuses pressions venant du monde intérieur et extérieur : celles de notre milieu social, familial, professionnel, celles de notre organisme biologique, physiologique, psychologique et spirituel. À chaque instant, nous sommes poussés, secoués, mus par toutes les sollicitations de la vie, comme la barque dans la tempête. Alors, un discernement s'impose, comme nous le rappelle Paul :

> *« Je vous exhorte donc, frères, au nom de la miséricorde de Dieu, à vous offrir vous-mêmes en sacrifice vivant, saint et agréable à Dieu : ce sera là votre culte spirituel. Ne vous conformez pas au monde présent, mais soyez transformés par le renouvellement de votre intelligence, pour* discerner *quelle est la volonté de Dieu : ce qui est bien, ce qui lui est agréable, ce qui est parfait. »* (Rm 12, 1-2)

Et la lettre aux Hébreux de renchérir :

> *« Les adultes prennent de la nourriture solide, eux qui, par la pratique, ont les sens exercés à* discerner *ce qui est bon et ce qui est mauvais. »* (He 5, 14)

Le discernement s'acquiert à la fois par une « pratique », un entraînement, un exercice, comme toutes les vertus, et par l'accueil de l'Esprit qui le perfectionne de manière surnaturelle : *« Celui qui est de Dieu écoute les paroles de Dieu »* (Jn 8, 47), qui est Esprit :

> *« Pour nous, nous n'avons pas reçu l'esprit du monde, mais l'Esprit qui vient de Dieu, afin que nous connaissions les dons de la grâce de Dieu... L'homme spirituel juge de tout... Or, nous, nous avons la pensée du Christ. »* (1 Co 2, 12 ; 15-16)

À la lumière de l'Esprit Saint :

> « Le discernement des esprits est le passage au crible des expériences intérieures en vue de vérifier leur origine et leur provenance. Il s'agit de filtrer les mouvements intérieurs que l'on éprouve pour reconnaître d'où viennent les différentes inspirations [1]. »

Le discernement découle de la vertu cardinale de prudence :

> « La prudence est la vertu qui dispose la raison pratique à discerner en toutes circonstances notre véritable bien et à choisir les justes moyens de l'accomplir. » (CEC § 1806)

Le mot grec *diakrinein*, *diakrisis*, se traduit par bien juger, bien choisir.

En découpant le mot, nous avons *dia*, « passer à travers », et *krinein*, « juger », qui peut se comprendre par : juger en passant (les pensées) à travers le crible du Saint-Esprit.

Les Pères du désert se sont surtout intéressés au discernement des pensées, des motions volontaires, des suggestions qui tourmentent le moine au désert. La tradition monastique a traduit *diakrisis* par « discrétion » et c'est ce mot que nous retiendrons pour la suite de cet exposé.

---

1. B. Georges, *Faire les bons choix au bon moment*, EDB 2007, p. 67.

Comment discerner les bons des mauvais esprits selon les Pères du désert ?

Jean Cassien fait ainsi l'éloge de la discrétion :

« Elle enseigne au moine de marcher toujours par une voie royale et ne lui permet de s'écarter ni à droite, dans une vertu sottement présomptueuse et une ferveur exagérée qui passent les bornes de la juste tempérance, ni à gauche, vers le relâchement et le vice et, sous prétexte de bien régler le corps, dans une paresseuse tiédeur de l'esprit. C'est la discrétion qui est appelée, dans l'Évangile, l'œil et la lampe du corps [1]… »

En effet, les Pères nous montrent comment de faux esprits peuvent nous inspirer des comportements complètement faussés et contradictoires, conséquence de l'orgueil qui cherche à se hisser jusqu'à Dieu, à la force du poignet, comme la pratique de jeûnes excessifs, de sacrifices inutiles où l'homme ne cherche que sa propre gloire, d'actions vertueuses et charitables, mais dans le but inavoué d'être vu, reconnu, loué. La discrétion est une qualité de l'homme calme, équilibré, qui a choisi la voie du juste milieu entre les extrêmes, conscient et éclairé sur lui-même. Là où il y a ostentation, exaltation et mépris des autres, l'Esprit Saint s'est retiré. Tandis que là où règnent paix et tranquillité, humilité et liberté de cœur, l'Esprit agit de tout son souffle.

Pour J. Cassien, il est important de discerner d'où viennent les pensées qui naissent en nous et, aussi, de quelle nature elles sont. Il y a trois sortes de pensées :

– celles qui viennent de Dieu, touches lumineuses en nous qui nous font pénétrer les mystères du ciel pour nous instruire, nous faire progresser et nous corriger ;

---

1. Cité dans : *Les collations* de Jean Cassien, *op. cit.*, p. 49.

– celles qui naissent du diable, habillées de lumière, mais viciées au-dedans, pour nous séduire et nous faire chuter ;
– celles qui viennent de nous par le jeu de nos facultés.

Toutes ces pensées, il faut les passer par le crible d'un sage discernement pour en connaître l'auteur, afin de les accueillir ou non.

Comment acquérir la discrétion, demandent les jeunes moines à leur Ancien, Cassien [1] ?

D'abord en la demandant humblement, et avec persévérance, au Seigneur puisque, selon l'Apôtre, elle est un don :

> *« L'Esprit donne un message de sagesse à l'un et de science à l'autre ; à un autre, le même Esprit donne la foi, à un autre encore, le seul et même Esprit accorde des dons de guérison ; à un autre le pouvoir de faire des miracles, à un autre la prophétie, à un autre le* discernement des esprits. *»* (1 Co 12, 8-10)

Si le moine obtient ce don, il sera capable de discerner les pensées qui franchissent le seuil de sa conscience.

Ensuite, la discrétion ne s'acquiert qu'au prix d'une vraie humilité.

L'humilité conduira le moine à s'ouvrir à un homme mûr et expérimenté, un guide spirituel, pour lui exposer les pensées qui le troublent, car il est une vérité : « Une mauvaise pensée produite au jour perd aussitôt son venin. » Mise à la lumière, la pensée ténébreuse a déjà perdu sa force de persuasion car « les suggestions pernicieuses n'ont sur nous d'empire qu'autant qu'elles demeurent cachées au fond du cœur ». Celui qui, par manque d'humilité, par peur ou par honte, préfère ne se confier qu'à lui-même et taire ses pensées, se met hors d'atteinte d'en obtenir le remède.

---

1. Cf. *id.*, p. 82-93, pour cette étude sur la discrétion selon J. Cassien.

« En revanche, il n'est point de vice par où le démon ait plus de facilité à précipiter le moine et le conduise plus vite à sa perte que le dédain de leurs conseils [des Anciens] et la confiance en son propre jugement ou en ses vues personnelles… Car, que l'on y songe ! Ce ne sont pas des ennemis visibles que l'on rencontre là, mais invisibles, et des ennemis sans pitié. C'est un combat du jour et de la nuit, un combat spirituel, et non certes contre un seul ennemi ou deux, mais contre des légions innombrables, un combat enfin, dont la chance est d'autant plus redoutable que l'adversaire est plus acharné, et plus secrète l'attaque [1]. »

L'exemple qui suit, tiré des apophtegmes [2] (préceptes, sentences) ou paroles de sagesse des Pères du désert, en est une belle illustration :

« Abba Poemen demanda à Abba Joseph : “Que faire quand les passions s'approchent ? Dois-je leur résister ou les laisser entrer ?” L'ancien lui dit : “Laisse-les entrer et lutte avec elles.” Il retourna donc à Scété et y demeura. Or quelqu'un de Thèbes vint à Scété et dit aux frères : “J'ai demandé à Abba Joseph si, quand une passion s'approche de moi, je devais lui résister ou la laisser entrer ; et il m'a répondu : “Ne laisse absolument pas entrer les passions mais retranche-les sur-le-champ”.” Abba Poemen, apprenant qu'Abba Joseph avait ainsi parlé au Thébain, se leva, retourna chez lui, à Panépho et lui dit : “Abba, je t'ai confié mes pensées, et voilà que tu as répondu d'une façon à moi et autrement au Thébain.” L'ancien lui dit : “Ne sais-tu pas que je t'aime ?” Il dit : “C'est exact.” L'ancien lui dit alors : “C'est que, si les passions entrent et que tu donnes et reçoives des coups en luttant avec elles, elles te rendront plus éprouvé. Je t'ai donc parlé comme à moi-même. Mais il en est d'autres pour qui il n'est pas bon de laisser approcher les passions et qui doivent les retrancher aussitôt.” »

---

1. *Id.*, p. 89-90.

2. *Abba, dis-moi une parole, Paroles mémorables des Pères du désert*, Solesmes 1984, n° 224.

Tout est question de discernement et Abba Poemen a eu raison de se confier à l'Ancien.

Comment discerner si une pensée est de Dieu ou du démon ?

« Quand l'homme reçoit dans son cœur quelque chose de divin, commente saint Séraphim, il se réjouit ; quand c'est quelque chose de démoniaque, il est troublé. »

Et plus loin :

« Celui qui suit la voie de l'attention ne doit pas se fier uniquement à son propre entendement, mais doit se référer aux Écritures et comparer les mouvements de son cœur, et sa vie, à la vie et à l'activité des ascètes qui l'ont précédé. Il est plus aisé ainsi de se préserver du Malin et de voir clairement la vérité [1]. »
Pour Evagre, « le discernement consiste d'abord à reconnaître les pensées qui sont suggérées par les démons et à les distinguer de celles qui peuvent être inspirées par les anges. Les premières pensées, celles qui sont inspirées par les anges, sont suivies d'un état paisible, les secondes, celles inspirées par les démons, d'un état troublé [2]. »

6. Du courage d'avoir peur

« Après la mort de Moïse, le Seigneur parla à Josué : Moïse, mon serviteur, est mort ; maintenant, debout ! Passe le Jourdain que voici, toi et tout le peuple, vers le pays que je leur donne... Personne, tout le temps de ta vie, ne pourra tenir devant toi : je serai avec toi comme j'ai été avec Moïse, je ne

---

1. St Séraphim de Sarov, *op. cit.*, p. 199 et 202.

2. A. Guillamont, *Un philosophe du désert : Evagre le Pontique*, Paris 2004, p. 244.

> *t'abandonnerai point, ni ne te délaisserai... Sois fort et tiens bon car c'est toi qui va mettre ce peuple en possession du pays que j'ai juré à ses père de lui donner. Seulement, sois fort et tiens très bon pour veiller à agir selon toute la Loi que mon serviteur Moïse t'a prescrite... Sois fort et tiens bon ! Sois sans crainte ni frayeur, car le Seigneur ton Dieu est avec toi dans toutes tes démarches. »* (Jos 1, 1-9)

Oui, il faut avoir beaucoup de courage pour explorer, entrer et conquérir le pays que nous sommes, chacun et chacune de nous. Combien de territoires encore inconnus, de terrains en friche et broussailleux, de mines d'or inexploitées, de zones d'ombre qui font peur, de régions hostiles et belliqueuses où l'on n'ose pas s'aventurer.

Mais Dieu est là…

Aimer son pays, tel qu'il est, et ne pas le fuir, habiter son corps, sa sensibilité, ses passions et son cœur, sans les nier, fraterniser avec les côtés mal aimés de soi-même, apprivoiser ses émotions, accueillir ses déviances et ses errances, sans panique, et leur faire face avec le regard du Christ, aller de l'avant, construire ou reconstruire sa personnalité…

Tout cela demande du courage… !

Le courage d'avoir peur de ce que l'on va découvrir.

Le courage de la vérité.

Le courage du discernement.

Le courage de ses propres opinions.

Le courage d'entrer dans le bon combat.

Le courage de nous aimer nous-mêmes, humblement, comme Dieu nous aime.

Le courage de la patience.

Le courage d'aller jusqu'au bout de notre mission terrestre d'homme et de femme.

Le courage, finalement, d'être soi-même !

Être courageux, c'est possible, parce que Dieu est là !

Le courage, synonyme de force, est l'une des quatre vertus cardinales, qui s'acquiert par l'entraînement, certes, mais surtout par l'accueil de la grâce de Dieu, puisque la force est également l'un des sept dons du Saint-Esprit avec, en la toile de fond, la foi, l'espérance et la charité.

Nous savons déjà que la force règle et harmonise la partie agressive de notre sensibilité. Elle canalise l'énergie agressive et la met au service de la construction de nos personnalités.

Le courage comporte deux faces : résister et attaquer. La première consiste à supporter la présence du mal et à vaincre la peur qui s'y attache, la seconde à attaquer prudemment le mal à sa racine, en modérant l'audace. Ainsi en est-il du soldat partant en guerre ; parfois, il doit résister à l'ennemi et, parfois, il doit l'attaquer et le vaincre.

Au courage se rattachent la persévérance et la patience, ces deux leviers de la vie spirituelle.

Il n'est pas facile de persévérer dans la foi et sa mission de chrétien, surtout dans les moments *d'acédie*. Écoutons à nouveau Evagre le Pontique nous donner un astucieux conseil. Le Père nous parle de la persévérance comme de l'antidote à l'acédie. En effet, le moine doit faire preuve « d'endurance à l'égard de toutes les pensées qui tendent à le décourager, et surtout, conformément à son étymologie, la persévérance dans sa cellule, pareille à celle du soldat qui, dans le combat, reste à son poste… Le moine qui se laisse vaincre par elle est comme un soldat qui fuit le combat ou un athlète qui fuit le stade [1]. »

L'enseignement est clair pour tout le monde : quand le découragement s'abat sur nous, la règle est de persévérer

1. *Id.*, p. 183.

dans ce que nous avons entrepris, en chassant les tentations de fuir. Il importe de ne jamais prendre de décisions importantes lorsque l'esprit est dans le trouble. Mieux vaut laisser la grisaille se dissiper pour discerner et demander conseil.

Et puis, s'agissant maintenant de la colère, comment calmer et canaliser ce « chien de garde » posté sur le seuil du cœur, prêt à aboyer à la moindre irritation ?

Selon les Pères, il faudrait aussi repérer les dépendances et les occasions qui allument la colère et nous font perdre patience, pour s'en distancer ou les contourner.

> « Elle est liée aux insatisfactions éprouvées par la chair et le désir égocentré, et dépend donc étroitement de la nourriture, de la sexualité, de l'argent. Elle se rattache également au sentiment de tristesse qui peut susciter le découragement, la révolte, avec une grande colère intérieure ou une certaine agressivité extérieure… Un des grands moyens avancés pour lutter contre cette irritation du système nerveux est la purification que procure la prière des psaumes. Chanter longuement les psaumes en une incantation méditative repose l'esprit et le dispose au bien, car ces poèmes qui évoquent toutes sortes de situations difficiles et de réactions viscérales de l'être humain les placent devant Dieu, afin qu'il intervienne pour le mieux. L'aumône est aussi recommandée pour éviter la colère, car elle permet de sortir de soi-même et de ne pas être esclave de ce repli narcissique à l'origine des mouvements passionnés : “Celui qui a un véritable amour pour le prochain a banni la colère de son âme”, dit Jean Climaque [1]. »

Rajoutons que la colère peut surgir également d'une mauvaise connaissance que nous avons les uns des autres, ce qui donne lieu à toutes sortes d'interprétations malheureuses, de jugements et de médisances. Il faudrait faire

---

1. Dom J.-P. Longeat, *24 heures de la vie d'un moine*, Paris 2008, p. 105-106.

preuve de beaucoup de patience envers soi-même pour ne pas devenir le jouet de ses illusions de discorde et pour apprendre à dédramatiser les situations. Et lorsque la colère éclate, il n'est jamais profitable de répondre au mal par le mal, ce qui ne veut pas dire démission ou faiblesse. Il y a d'autres moyens pour ne pas céder ni s'écraser devant l'adversaire : garder la maîtrise de soi pour ne pas « sortir de ses gonds », ce qui donne le temps de trouver la parole et l'attitude justes qui briseront le cercle de la violence et toucheront son cœur. Une attitude de fermeté qui n'est ni mollesse ni agressivité. Nourrie de l'ardeur de la charité, et non pas du désir de montrer sa supériorité, la fermeté calme les passions, permet à chacun de tenir sa place et de remettre les choses dans la vérité.

Pour illustrer mon propos, voici un passage d'une lettre de saint Jean Bosco adressée aux éducateurs :

> « Que de fois dans ma longue carrière j'ai dû me persuader de cette grande vérité : il est toujours plus facile de s'irriter que de patienter, de menacer un enfant que de le persuader ! Je dirais même qu'il est plus facile, pour notre impatience et pour notre orgueil, de châtier les récalcitrants que de les corriger, en les supportant avec fermeté et douceur… Écarter tout ce qui pourrait faire croire qu'on agit sous l'effet de la passion. Il est difficile, quand on punit, de conserver le calme nécessaire pour qu'on ne s'imagine pas que nous agissons pour montrer notre autorité ou pour décharger notre emportement [1]. »

La patience et la persévérance s'exercent aussi dans l'art de bien communiquer avec les autres, en prenant le temps de le faire et en s'assurant que le message est bien passé chez l'auditeur, simple marque d'estime et de reconnaissance à

1. Lettre citée dans la *Liturgie des heures* à la fête de saint Jean Bosco.

son égard, ce qui évite aussi bien des malentendus. Le malentendu, petit grain de sable dans le mécanisme relationnel, vient d'une parole entendue autrement ou interprétée faussement, et qui nous frappe en plein cœur comme un coup de poing. La suite, nous la connaissons : les pensées se mettent en route et nous torturent sans nous donner la véritable réponse ; l'angoisse, la rage, la haine ou l'amertume montent en nous comme de la lave en fusion jusqu'à l'implosion ou l'explosion !

Les causes du malentendu sont, la plupart du temps, insignifiantes et diffuses, telle une étincelle qui va allumer un brasier.

Par exemple, cette personne ne m'a pas salué (peut-être par distraction ou préoccupation) : et voilà que surgissent soudainement en moi des sentiments d'exclusion et de rejet, avec l'impression de n'avoir aucune importance à ses yeux. Ou bien lorsqu'une information n'est pas passée ou est mal passée… et je me dis que je suis toujours le dernier à être mis au courant, que je mérite un peu plus d'égards que ça, tandis que, lorsqu'il s'agit de rendre un service, c'est toujours à moi qu'on fait appel, etc. Au lecteur de trouver bien d'autres exemples cueillis dans la vie commune.

Finalement, le malentendu crée le soupçon, rongeant peu à peu la relation, et, ajouté à une grosse fatigue, bonjour les dégâts !

« Ben, cela va sans dire », disons-nous souvent comme si tout était clair pour l'autre… Et voilà l'erreur : « Certes, cela va sans dire, mais ça ira beaucoup mieux si nous le disons », même si nous pensons « qu'il le sait pourtant, il doit bien le comprendre, non ? ». Mais c'est encore mieux en le redisant. Nous souffrons parfois, non pas de diarrhée verbale, mais de constipation verbale. C'est ainsi que naissent les malentendus, les peurs, les jugements et l'agressivité.

Où en sommes-nous dans notre manière de communiquer ?

Le petit enfant, lorsque revient sa maman, crie et gesticule, tellement il est content, tandis que l'adolescent, planté devant la TV, se contente d'un petit signe de tête !

Notre communication souffre de carence : on pense toujours qu'il va de soi que… Bien communiquer est une marque d'estime de l'autre, un art de la présence aux autres.

Les écrits de sainte Thérèse de Lisieux (1873-1897) nous offrent des perles de patience et de courage. En voici quelques-unes à mettre à notre actif dans la pratique de tous les jours :

Il y avait, au Carmel, une sœur antipathique, au caractère difficile, que toutes les autres évitaient par tous les moyens, de peur de perdre patience. Voilà ce que nous livre Thérèse :

> « À chaque fois que je la rencontrais, je priais le bon Dieu pour elle, Lui offrant toutes ses vertus et ses mérites. Je sentais bien que cela faisait plaisir à Jésus, car il n'est pas d'artiste qui n'aime pas recevoir de louanges de ses œuvres et Jésus, l'Artiste des âmes, est heureux lorsqu'on ne s'arrête pas à l'extérieur mais que, pénétrant jusqu'au sanctuaire intime qu'il s'est choisi pour demeure, on en admire la beauté. Je ne me contentais pas de prier beaucoup pour la sœur qui me donnait tant de combat, je tâchais de lui rendre tous les services possibles et quand j'avais la tentation de lui répondre d'une façon désagréable, je me contentais de lui faire mon plus aimable sourire et je tâchais de détourner la conversation… Souvent aussi, lorsque je n'étais pas à la récréation, ayant quelques rapports d'emploi avec cette sœur, lorsque mes combats étaient trop violents, je m'enfuyais comme un déserteur. Comme elle ignorait absolument ce que je sentais pour elle, jamais elle n'a soupçonné les motifs de ma conduite et demeure persuadée que son caractère m'est agréable. Un jour elle me dit ces mots d'un air content : “Voudriez-vous me

dire, Sœur Thérèse, ce qui vous attire tant vers moi, à chaque fois que vous me regardez, je vous vois sourire ?" Ah ! ce qui m'attirait c'était Jésus caché au fond de son âme… Jésus qui rend doux ce qu'il y a de plus amer [1]. »

Bel exemple de persévérance et d'estime de l'autre, qui a permis à cette sœur de voir qu'il y avait en elle, malgré tout, quelque chose de bon et de beau. Courage de Thérèse, perfectionné par le don divin de force, qui lui fait voir Jésus dans l'autre et lui donne d'agir pour Jésus.

C'est à partir de la parole *« Aimez vos ennemis, priez pour ceux qui vous persécutent »* (Mt 5, 44) que Thérèse exprime la loi nouvelle de l'Évangile, vécue à la perfection :

« Sans doute, au Carmel on ne rencontre pas d'ennemis, mais enfin il y a des sympathies, on se sent attirée vers telle sœur au lieu que telle autre vous ferait faire un long détour pour éviter de la rencontrer, ainsi sans même le savoir, elle devient un sujet de persécution. Eh bien ! Jésus me dit que cette sœur, il faut l'aimer, qu'il faut prier pour elle quand même sa conduite me porterait à croire qu'elle ne m'aime pas : *"Si vous aimez ceux qui vous aiment, quel gré vous en saura-t-on ? Car les pécheurs aiment aussi ceux qui les aiment"* (Lc 6, 32) [2]. »

Thérèse ici ne s'appuie plus sur quoi que ce soit de créé, sa charité ayant atteint un sommet. Seul le Feu dévorant du Saint-Esprit peut l'emporter dans ce mouvement de Miséricorde.

Et lorsque nous hésitons devant l'effort :

« Bien des âmes disent : Mais je n'ai pas la force d'accomplir tel sacrifice. Qu'elles fassent donc ce que j'ai fait : un grand effort. Le bon Dieu ne refuse jamais cette première grâce qui

---

1. Ste Thérèse de l'Enfant-Jésus, *Histoire d'une âme*, Paris 1974, manuscrit C, 14 r.

2. *Id.* 14 v.

donne le courage d'agir, après cela le cœur se fortifie et l'on va de victoire en victoire [1]. »

Thérèse, en bonne maîtresse des novices, encourage ses sœurs au dépassement et à la persévérance :

« Vous dites : Je veux être bonne avec celles qui sont douces. Et dès que quelqu'un vous contrarie, vous voilà hors de vous-même : vous agissez en cela comme les païens dont il est parlé dans l'Évangile. Au contraire : *"Faites du bien à ceux qui vous haïssent, priez pour ceux qui vous persécutent."* (Lc 13, 37) Être bon avec ceux qui nous font du bien, c'est de la sagesse humaine, rien pour Dieu [2]. »

Les forces les plus obscures ne résident-elle pas dans le découragement ?

« C'est vrai que dans le monde, il y a de très grandes et lourdes croix… Celles de la vie religieuse sont des coups d'épingles journalières, la lutte s'exerce sur un tout autre terrain, il faut se combattre, se "détruire soi-même", c'est en cela que se remportent les vraies victoires. Combien d'âmes venues dans le cloître, ayant perdu parents, enfants, dont on admirait le mâle courage et la force d'âme et qui, devant les croix de la vie religieuse, se trouvent souvent découragées. J'ai constaté moi-même ici, que les natures les plus fortes apparemment, sont, en ces petites choses, les plus faciles à abattre, tant il est vrai que la plus grande des victoires est de se vaincre soi-même [3]. »

« Eh bien ! ma petite Mère, le Bon Dieu n'a pas voulu de moi comme simple soldat, j'ai été tout de suite armée chevalier et je suis partie en guerre contre moi-même dans le domaine spirituel, par l'abnégation, les petits sacrifices cachés ; j'ai trouvé

---

1. Ste Thérèse de l'Enfant-Jésus, *J'entre dans la vie, Derniers entretiens*, Paris 1973, p. 22.

2. Thérèse de Lisieux, *Conseils et souvenirs*, Paris 1988, p. 103.

3. *Id.*, p. 149.

la paix et l'humilité dans ce combat obscur où la nature n'a aucune prise. » Un sang chevaleresque coule dans ses veines, parce que le Seigneur domine sur toute sa personne, la protégeant ainsi du découragement et de toute forme d'impureté. Revêtue ainsi du Christ, elle s'écrie : « Je mourrai les armes à la main [1]. »

Que tout cela paraît difficile ! Alors, pour encourager le lecteur, j'aimerais tirer de ma poche quelques vitamines humoristiques fabriquées pour *Alcide, un simple chrétien qui s'adresse à de simples chrétiens* [2] :

« Rentre tes angles, tu cogneras moins… N'appelle pas chez le voisin susceptibilité ce que tu appelles chez toi sensibilité… N'essaie pas de te taire, mais écoute !... Le vrai silence n'abîme pas la charité… Méfie-toi de ton jugement sur ceux dont tu n'as pas l'estime… Les "airs" de ta figure sont les crispations de ton cœur. Aime : ainsi ton visage sera repassé comme un beau tablier propre… Ne fais pas de tes nerfs le baromètre de la maison… Ne donne pas des ordres, demande des services… Apprends l'art de la guerre sur toi ; sur les autres, l'art de la paix… Si ta voix est un clairon, tes frères haïront la musique… Ton frère est peut-être brutal, mais toi, sûrement fragile… Si tu perds la face, continue ; si tu perds la tête, arrête… N'oublie pas que vivre avec toi peut suffire aux autres pour gagner le ciel… Si on te prend pour du beurre, sache qu'il est indispensable à la cuisine… »

Avant de conclure ce sujet, voici un essai de synthèse entre les passions agressives saines qui favorisent la croissance de l'individu et les passions agressives malsaines qui en sont le frein :

---

1. Ste Thérèse, *J'entre dans la vie*, *op. cit.*, p. 111 et 123. Voir aussi mon livre : J. Pralong, *De la faiblesse à la force, Paul de Tarse et Thérèse de Lisieux, un chant d'amour à deux voix*, EDB 2008.

2. Madeleine Delbrêl, *Alcide, guide simple pour simples chrétiens*, Paris 1968.

Une saine agressivité favorise : l'affirmation de soi, l'affrontement du danger avec courage, la maîtrise de soi, le don de soi, la force dans les épreuves, la fidélité dans la relation à l'autre et à Dieu, surtout dans les moments d'acédie ou autres difficultés, la capacité de se protéger et de se faire respecter, de pardonner, de vaincre le mal par le bien, de briser les cercles de la violence, de vaincre les résistances, de persévérer dans l'effort, d'aller au bout de ses responsabilités.

Une agressivité malsaine provoque : des attitudes dominatrices, autoritaires, la recherche d'être vu, mis au centre, reconnu et écouté à outrance (ceci lié à des frustrations), de la violence et de l'hostilité envers des personnes ou événements qui nous contrarient.

7. De la maîtrise de soi dans les désirs qui s'enflamment

La maîtrise de soi, synonyme de tempérance, est la vertu qui modère, tempère ou maîtrise nos désirs passionnels, dans le boire et le manger ainsi que dans les instincts sexuels.

A) La maîtrise dans le boire et le manger

Manger est un phénomène qui dépasse l'anecdotique plaisir de la table bien arrosée, jusqu'aux péchés « mignons » de toutes sortes.

L'attrait de la nourriture rejoint la puissante passion du désir qui, incontrôlée et désordonnée, peut prendre la forme d'un excès de nourriture ou, au contraire, de refus, comme on l'a vu plus haut.

> « Le courant ascétique a particulièrement appuyé la notion de jeûne qui ne vise pas l'absence totale de nourriture, mais la modération et surtout la bonne orientation du désir, non vers

soi-même, mais vers Dieu (par la sobriété) et vers les autres (par le partage). “La règle générale à suivre quant à la tempérance, souligne Jean Cassien, consiste à s’accorder ce qu’il faut pour sustenter le corps, pas assez pour l’assouvir... Le plaisir que l’on trouve naturellement à manger n’est pas un mal essentiel... S’il ne s’accompagne d’intempérance ou de quelque autre vice, on ne peut dire qu’il soit mauvais...” La gourmandise sera plutôt l’intention de prendre cette nourriture uniquement pour soi et pour le seul plaisir orienté vers la satisfaction de soi à l’excès... Plus on se rassasie par la quantité et le raffinement, plus il est difficile de clarifier son désir et de l’orienter vers l’autre [1]. »

Alors de deux choses l’une : soit c’est nous qui maîtrisons le plaisir, soit c’est le plaisir qui nous maîtrise ! Mais attention, maîtriser n’est pas mépriser...

Si l’on choisit la première alternative, comment réhabiliter les plaisirs (légitimes) de la table sans tomber dans les excès, ce qu’on appelle la sobriété ? Voici quelques pistes ascétiques :

– le « goinfre » réduira sa quantité de nourriture et laissera les autres se servir avant lui ;

– le vrai bonheur de l’homme ne se trouvant pas dans ses papilles gustatives, les habituels gourmets diminueront les dépenses excessives pour des plats trop raffinés en optant pour une cuisine plus simple et tout aussi nourrissante ;

– le « grignoteur de service », faisant à toute heure du jour main basse sur les petits fours ou autres gâteries, se limitera aux trois repas quotidiens, sans plus ;

– l’ado (ou l’adulte) pressé, qui avale sa nourriture tout en tapant sur le clavier de son ordinateur, prendra le temps de mâcher convenablement son repas, il remerciera la

1. Dom J.-P. Longeat, *op. cit.*, p. 81-82.

personne qui s'est donné de la peine pour l'apprêter en ne quittant pas la table prématurément ;

– l'étudiant ou le travailleur qui part l'estomac vide le matin, engloutissant goulûment à midi un rapide fast-food de plusieurs centimètres de hauteur, véritable bombe alimentaire, et se rabattant le soir sur une table trop copieuse, cherchera comment manger de manière plus équilibrée ;

– le fêtard qui ne dessoûle pas de tout le week-end se demandera quel vide affectif et existentiel il veut combler ;

– les amateurs d'alcool, qui ont pris l'habitude de picoler, maîtriseront la bouteille pour apprécier le fruit de la vigne à sa juste valeur, se souvenant que l'ébriété, levant les inhibitions (*in vino veritas*), peut conduire à des actes et des paroles irréparables ;

– il revient à chacun de faire l'effort de redonner à la table sa fonction de plaisir, non seulement gustatif, mais aussi social, dans le partage et la communication, surtout dans les familles ;

– enfin, n'oublions pas le jeûne, dont il a déjà été question, puisque, comme le dit saint Athanase, il « guérit les malades… il repousse les démons, expulse les pensées malsaines. Il rend l'esprit plus clair et purifie le cœur. Il sanctifie le corps et transporte l'homme sur le trône de Dieu. Le jeûne est une grande force. Il mène à de grands succès [1] ».

B) La maîtrise des passions sexuelles

La pulsion sexuelle est le plus puissant ressort de l'instinct, mais laissée à elle seule, elle devient imprécise, insatiable, aveugle. Ne l'oublions pas, elle est toujours à l'affût d'une occasion, en attente d'une réalisation.

1. Cité par P. Ide, *Construire sa personnalité*, Paris 1991, p. 298.

L'être humain ne peut s'appuyer uniquement sur ces désirs qui bouillonnent en lui pour grandir et s'épanouir, car ceux-ci sont trompeurs : ils conduisent à une impasse. Le jeune qui satisfait son besoin sexuel en oubliant de répondre aussi à son besoin de tendresse et de relation sera forcément déçu, ou décevra. Une sexualité épanouie exige l'unité de la personne en sorte que le corps, le cœur et même la raison disent ensemble et en même temps : « Je t'aime ! » La sexualité, débranchée de l'amour à donner et de la vie à créer, dégringole dans toutes sortes de jouissances où finissent par se mêler vices et sévices.

Doit-on, dès lors, lancer le discrédit sur le plaisir érotique en y voyant le poison de l'amour ? Certainement pas ! Le plaisir est bon et vertueux ; replacé dans la relation où l'autre est aimé pour lui-même, et non comme un objet de plaisir égoïste, il favorise l'union des personnes où s'échange ce que chacune a de plus intime. C'est justement là que va intervenir la vertu de tempérance, dont le but est d'intégrer le plaisir sexuel dans cet échange profond des personnes. La chasteté relève de la vertu de maîtrise de soi pour l'exercice d'une saine sexualité. À ne pas confondre avec la continence (se retenir) qui est l'abstention volontaire de tout plaisir génital.

> « La chasteté est cette espèce de tempérance maîtrisant l'énergie sexuelle et, plus exactement, ordonnant la sexualité en sa dimension érotique à ses deux fins que sont l'accueil de la vie et de l'amitié conjugale [1]. »

Le milieu naturel où peut se vivre une sexualité maîtrisée et humanisée est, bien sûr, le mariage, jusque dans son expression génitale. À ce propos, laissons la parole à G. Blaquière :

---

1. *Id.*, p. 267.

> « Trop souvent, nous confondons chasteté et continence. La chasteté implique la continence, c'est-à-dire la maîtrise de l'activité génitale en dehors du mariage. Elle ne s'y réduit pas. Dans le mariage, la chasteté n'implique pas la continence, mais d'aimer l'autre d'un amour de don, d'offrande de soi, sans chercher à le posséder ou à le dominer, d'un amour fidèle, qui ne se reprend pas : de cet amour, Dieu est la source et le modèle, et nous avons à en être les témoins, humbles mais véridiques...
> "Je te reçois... et je me donne à toi...", telle est une des deux formules du sacrement de mariage. Ce n'est pas insignifiant mais le mariage est le lieu où nous sommes appelés à nous convertir, chaque jour un peu plus, au don de nous-mêmes, y compris dans l'union charnelle. »

La chasteté n'est pas une qualité gagnée d'avance. Elle doit s'éduquer et s'entraîner, même dans le mariage, puisqu'elle est condition d'un authentique don de soi à l'autre. Et nous savons combien nous avons toujours besoin de nous convertir pour aimer. Que dire alors des jeunes qui s'aiment en brûlant les étapes de l'amour ?

« Qu'y a-t-il de mal à coucher ensemble quand on s'aime, du moment que les deux partenaires y consentent ? Il n'y a pas de mal à se faire du bien. Après tout, Dieu est amour et il est pour l'amour, alors, aimons-nous sans crainte... », entend-on dire souvent.

Il y a là d'abord, reconnaissons-le, un phénomène de mode. Aujourd'hui, on affirme facilement que l'homme doit satisfaire ses pulsions (sexuelles), au risque de devoir vivre avec de fortes tensions, voire de sombrer dans la névrose. Beaucoup affirment : « J'ai le droit de faire ce que je veux de mon corps et j'assume pleinement les conséquences de mes actes ! » Les aventures entre jeunes sont souvent des langages sans réel engagement, des corps à corps sans cœur à cœur. La déception est souvent l'amère pilule du lendemain. De ces expériences, chacun n'est-il pas plus spectateur, voyeur, essayeur qu'autre chose ? Les expériences sexuelles avec des partenaires occasionnels laissent les jeunes frustrés, déçus. Ce n'est pas en multipliant les expériences sexuelles qu'on se prépare à connaître et à savourer l'amour. Le mariage, en effet, ressemble à une maison où l'on est sûr de ne rien trouver d'autre que ce qu'on y aura apporté. La sexualité est un langage. Elle appelle aussi à l'engagement. Et il n'y a pas de véritable sexualité sans engagement, autrement on réduit la sexualité à un « Je m'aime par le moyen de toi », rencontre où, au lieu de donner et donc d'aimer, je prends, je consomme. Marqués par le péché et la faiblesse, nous sommes toujours tentés de prendre les gens, inconsciemment, non comme des personnes mais comme de simples occasions, ou encore comme des choses ou des objets. Pourvu qu'elles fassent l'affaire, on s'en sert. Et puis une fois qu'on a essayé, on peut toujours mettre de côté. Comme si l'on pouvait essayer un cœur d'homme ou de femme !

Pourtant, il faut du temps pour s'apprivoiser et se connaître : « C'est le temps que tu as perdu pour ta rose qui fait ta rose si importante », dit le renard au Petit Prince. Les expériences pré-maritales, loin d'être un prélude à l'amour, en deviennent le piège : « Parce qu'au niveau charnel, nous trouvons l'harmonie dans le partage du plaisir, nous pensons que l'harmonie des cœurs se réalise en même temps et que nous sommes faits l'un pour l'autre. » Et voici le piège : fusion des corps, des émotions et des sentiments n'est de loin pas encore communion des cœurs, dans l'acceptation de la différence de l'un et de l'autre, apprentissage de toute une vie. La volupté sexuelle exerce une telle puissance qu'elle fait croire à la réalité et à la vérité de l'amour, mais ceci n'est que pure illusion.

Je reçus un soir chez moi deux jeunes mariés, tout juste séparés après une année de mariage :

> « Nous avions vécu cinq ans ensemble avant de nous marier, me racontent-ils. Nous nous disputions souvent, mais l'harmonie sexuelle entre nous était telle, "la réconciliation sur l'oreiller, quoi !", que chaque fois nous remontions la pente, mais sans jamais aller au fond de nos dissensions. Les mois qui suivirent notre mariage, les tempêtes ne firent qu'empirer. L'oreiller ne suffisait plus à nous remettre d'accord et nous avions toujours plus de peine à nous supporter, nous qui pensions que le mariage réglerait cette situation. C'est comme si chacun avait repris ses droits d'être totalement lui-même. Puisque nous étions mariés, nous n'avions plus besoin de jouer un rôle, de nous forcer à nous montrer acceptables aux yeux de l'autre, de peur qu'il ne s'en aille. Du moins, en y réfléchissant aujourd'hui, c'est comme cela que nous le vivions, mais inconsciemment. En réalité, nous avons chacun un sale caractère que nous réussissions à dissimuler, tandis que maintenant, il se manifeste comme les laves d'un volcan trop longtemps contenues. Aujourd'hui, nous avons pris conscience que nous n'étions pas faits l'un pour l'autre parce qu'on ne s'est jamais connu en profondeur. »

Le constat est amer. Il s'agit bien du piège de l'amour, d'un cheminement en dehors des voies de la chasteté, où la puissance des sens a camouflé l'identité des personnes. Comme nous le dit si bien cette citation du cardinal Suenens :

> « Une rencontre sexuelle qui n'est pas vécue dans un contexte d'engagement total et d'amour fidèle ressemble, à première vue, à un acte d'amour, mais en fait, il en diffère autant qu'une fleur coupée diffère d'une fleur vivante ; la fleur coupée peut sembler belle et pleine de vie, mais elle est condamnée, qu'on le veuille ou non, à se faner bien vite [1]. »

---

1. Feuillet épars.

L'union entre l'homme et la femme, pour le chrétien, est une chose sacrée. Elle est l'image de la communion d'amour du Père, du Fils et de l'Esprit. Dans ce contexte, la relation génitale est marquée d'une œuvre divine puisque, non seulement elle est échange des corps et des cœurs, mais aussi porte ouverte sur la vie.

Alors, voici ce que demande l'Église aux fiancés afin de les protéger de tant d'illusions et de déceptions :

> « Les fiancés sont appelés à vivre la chasteté dans la *continence*. Ils verront dans cette mise à l'épreuve une découverte du respect mutuel, un apprentissage de la fidélité et de l'espérance de se recevoir l'un l'autre de Dieu. Ils réserveront au temps du mariage les manifestations de tendresse spécifiques de l'amour conjugal. Ils s'aideront mutuellement à grandir dans la chasteté. » (CEC § 2350)

On ne peut être plus clair !

Mais au-delà de l'interdit, il faut y voir un conseil de sagesse profonde. La chasteté dans la continence n'est pas mépris du corps, mais elle permet d'en canaliser les énergies au service de la patience, de la maîtrise de soi, de l'amour gratuit offert sans repli sur soi, de la douceur. Il permet cet apprentissage au don de soi à l'autre, au contraire de la possessivité de l'autre, qui éveille impatience, jalousie, colère, tristesse.

La faim charnelle en détresse découvre et fait naître la véritable tendresse. La chasteté fait passer d'un besoin à satisfaire au désir de recevoir. Quelle différence ? Dans notre société, nous avons tout à portée de main pour satisfaire nos besoins de consommation. Et nos satisfactions ne dépassent pas la frontière de nos sens. Tandis que si le désir souffre d'une longue attente, il creuse le cœur, il le dilate, il le prépare à recevoir le cadeau auquel il aspire. Au désir, la réponse ne peut être que cadeau offert de la part d'un *autre* et reçu au plus profond d'une intimité.

Le mariage chrétien correspond à cet instant où Dieu donne à chaque conjoint son vis-à-vis préparé, attendu et désiré depuis si longtemps.

La chasteté permet la naissance et la formation du désir, dans une attente douloureuse qui prépare le cœur pour que le conjoint soit reçu au plus profond de ce même cœur, au-delà des frontières d'une sensibilité à assouvir, qui risquerait d'être trompeuse. Seule l'attente mature le désir.

La chasteté, finalement, refuse de mettre la main sur l'autre avant que Dieu ne le donne, dans ce moment sanctifié par le sacrement du mariage.

Pour revenir à l'article du *Catéchisme de l'Église catholique* s'adressant aux fiancés, j'aimerais ajouter qu'il est bon d'avoir des points de repère, même s'ils sont ressentis, au départ, comme des contraintes, voire des interdits. D'ailleurs, l'interdit n'est pas forcément mauvais : il est au service de la maîtrise de soi. Maîtriser ses désirs, c'est être capable d'accepter certaines sollicitations et de s'en interdire d'autres, sur la base de certains critères. Pour un chrétien, l'Église doit rester un critère fort. Il me revient en tête cet adage que je cite de mémoire : « La loi garde l'amour et l'amour porte sa loi. »

Pour illustrer ce propos, voici ces lignes intitulées *L'interdit au Service du Désir.*

> « Comme l'émondage qui fait pleurer mais fructifier la vigne,
> Comme l'abstinence nécessaire au vrai sportif,
> Comme le feu rouge qui protège des collisions,
> Comme la glissière de sécurité qui amortit les dérapages,
> L'interdit rend service au désir.
> Il protège le désir d'une rencontre brutale avec le réel. Il peut lui faire faire ainsi l'économie de la souffrance ou de l'échec.
> L'interdit fait grandir le désir : il monte le plaisir en intensité et en qualité, en retardant la satisfaction. L'animal satisfait sur-

> le-champ ses désirs et son plaisir tombe très vite. L'homme, qui est capable de différer la satisfaction, fait grandir son désir dans l'attente et augmente ainsi sa possibilité de plaisir… L'interdit évite l'affrontement dans les sociétés. En régulant la sexualité, le législateur a comme objectif d'éviter les violences et les luttes sexuelles, et d'organiser une certaine répartition des "biens sexuels" qui sans cela deviendraient l'unique possession des riches, des jeunes… ou des beaux ! L'interdit sécurise : quand un jeune sent en lui la force bouillonnante des pulsions, il n'est pas fâché, parfois, d'être protégé de lui-même. De plus, l'approche de l'autre est toujours angoissante : on peut craindre son refus, son agressivité, son narcissisme, sa possessivité. Les règlements de la société ralentissent alors l'élan du désir qui le conduirait à l'échec, en même temps qu'ils instituent des rites d'approche (fêtes, cadeaux, Saint-Valentin) qui facilitent les rencontres [1]. »

La chasteté favorise la garde du cœur, la discipline ou l'ascèse des yeux, du langage et de tous les sens. Il nous reste à voir maintenant, au quotidien, comment nous entraîner à la chasteté. D'abord, autour de nous, quels sont les pièges qui allument la passion et nous font perdre notre liberté de penser et de choisir ? Ils sont de deux sortes :

1. L'homme est piégé par son *environnement* :

– la publicité qui, par ses méthodes de plus en plus perfectionnées et agressives, pénétrant jusque dans notre inconscient, conditionne la pensée de l'homme moderne sur l'amour et la sexualité ;

– l'Internet qui facilite l'accès aux sites pornographiques ;

– le cinéma et la télévision ;

– certaines chansons purement érotiques ;

– les médias de toutes sortes ;

---

1. D. Sonet, *Découvrons l'amour*, Limoges 1990, p. 59.

– un climat social avec sa perte de valeurs et de repères en matière d'amour, de sexualité et de respect de la vie ;

– les modes et les habitudes suivies sans discernement : tout le monde le fait, tout le monde le pense ;

– et, disons-le, la rupture avec Dieu qui le prive de cette énergie divine, l'ayant verrouillée dans son propre cœur.

2. Par lui-même :

– par son ignorance sur les sujets importants de la vie, notamment en matière d'amour et de vraie sexualité ;

– par les mauvaises habitudes dans lesquelles il s'est installé (autoérotisme, voyeurisme, etc.) ;

– par son imagination et les pensées qui l'agitent ;

– par ses pulsions et désirs non maîtrisés ;

– par manque d'un grand idéal de vie, de projet enthousiaste. C'est pourquoi l'être humain s'accroche à de petits bonheurs éphémères aux plaisirs fugitifs, qu'il faut toujours réinventer, pour garder haut son taux d'adrénaline, sans lequel l'individu plonge vite dans la déprime !

Quelques pistes pour s'entraîner à la chasteté :

– une nourriture saine et équilibrée, car, comme nous l'avons vu, ce que nous mangeons et la manière de manger exerce un fort impact sur la pulsion sexuelle : dans les moments de grande tentation surtout, éviter les boissons et les aliments qui stimulent la libido : les mets épicés, la caféine, le chocolat, le coca, l'alcool en petite quantité, certains vins comme le champagne, etc. ;

– un sommeil suffisant et équilibré pour ne pas favoriser les états de fatigue et les rêves diurnes qui remplissent l'imagination de pensées charnelles ;

– une maîtrise du corps par le sport, par les petits efforts ;

– la maîtrise des paroles qui cherchent à séduire, à attirer, à nous mettre au centre ; pensons au besoin que nous éprouvons, surtout entre hommes, « d'en sortir des grosses » autour du sexe, qui n'est rien d'autre qu'une forme larvée et verbale d'exhibition ;

– la maîtrise du regard ou des yeux pour les détourner des images et visions troublantes ; ce n'est pas pour rien qu'on dit « déshabiller quelqu'un du regard » ;

– la maîtrise des gestes car les gestes sont bien souvent le chemin qui mène plus loin et la porte ouverte à l'alcôve ; il ne s'agit pas d'être prude, bien sûr, mais prudent, ce qui n'est pas la même chose, et d'avoir le courage de la vérité en se posant les bonnes questions : par ce regard, ce geste et ces paroles, qu'est-ce que je recherche ? Ma satisfaction personnelle ou réellement le bien de l'autre ?

– la maîtrise des pensées (voir les Pères du désert) ;

– l'attention à la tenue vestimentaire qui est également un langage très fort et l'expression des sentiments et des désirs qui nous habitent ;

– rester fidèle au Seigneur par la prière et la pratique des sacrements, notamment l'Eucharistie et le pardon ; en effet, la confession sacramentelle nous libère de bien des tensions liées à la véhémence de la chair ainsi qu'à tous nos sentiments de culpabilité (qui nous rongent) et à notre péché lorsque nous avons failli ; le pardon de Dieu vient laver notre cœur et notre regard sur nous-mêmes et sur les autres ;

– de manière plus radicale encore, si nous voulons suivre l'enseignement des Pères du désert, la pratique du jeûne accompagnée de la prière (profitant de quelques jours de retraite spirituelle) pour apaiser la violence des tentations ;

– enfin, cultiver de saines et belles amitiés qui déplacent l'énergie vers la créativité, l'ouverture, le don de soi.

La maîtrise de soi et la vigilance du cœur permettent de voir clair, de protéger ceux qui nous entourent de nos propres réactions et de nous protéger nous-mêmes. Au temps des Pères du désert :

> « Un frère dit à un ancien : “Je ne vois pas de combat dans mon cœur.” L’ancien lui répondit : “Toi, tu es un édifice ouvert de tous côtés. N’importe qui entre chez toi ou en sort comme il veut, et toi, tu ne sais pas ce qui se passe. Si tu avais une porte, si tu la fermais et si tu interdisais aux mauvaises pensées d’entrer, tu les verrais alors se tenir dehors et combattre contre toi” [1]. »

Voici un nouvel essai de synthèse entre les pulsions affectives saines et malsaines :

Les pulsions affectives saines favorisent : les appétits sensibles normaux, la recherche des valeurs intellectuelles et esthétiques, l’amour charnel et sexuel, l’amour d’amitié, l’amour de Dieu, le don de soi, l’amour des ennemis, l’abandon à la Providence divine.

Les pulsions affectives malsaines produisent : les désirs sensibles exagérés, dans la nourriture et la sexualité, l’avarice, la possessivité, toutes les formes de gloutonneries infantiles de l’amour, autoérotisme, déviations sexuelles, sadisme, masochisme.

8. De la vertu de justice ou de l’ouverture aux autres

Je n’aborderai pas ici tous les domaines relatifs à la vertu de justice bien trop vastes pour le but visé par cet ouvrage. Je me centrerai uniquement sur *l’amitié ou l’amour*, qualité indispensable à la vie commune.

Rappelons la définition de la justice : rendre à chacun ce qui lui est dû.

1. *Abba, dis-moi une parole*, *op. cit.*, p. 70.

Nous constatons par là que la justice se situe au cœur de l'amitié ou que l'amitié sous-tend la justice, car c'est elle qui règle les rapports justes, vrais et bons entre les amis. Dieu est justice, nous dit la Bible, mais Dieu manifeste sa justice par l'Amour et la Miséricorde. De même, le chrétien exerce la justice en étant bon, saint et miséricordieux, à l'image de Dieu. Ainsi, la justice est cette vertu qui nous aide à aimer selon l'esprit de l'Évangile, et non de manière égoïste, car l'égoïsme ne donne pas à l'autre ce qu'il est en droit d'attendre. Autrement dit, l'amour suppose la justice, mais la dépasse toujours.

La justice ne rend pas seulement à l'homme ce qui lui est dû, mais elle le rend aussi à Dieu, à travers l'adoration, la louange, la confiance et l'hommage des célébrations, ce qu'on appelle la vertu de religion.

Dans la suite, nous verrons comment la vertu d'amitié concourt à nous libérer des passions qui nous replient sur nous-mêmes, pour nous ouvrir aux autres et favoriser ainsi la vie fraternelle. Un déplacement d'énergie, pour bâtir la communion.

A) L'Amitié, une vertu, un combat

À peine prononcé le mot *amitié* que notre cœur se met à vibrer et à soulever un sentiment d'exaltation et de joie profonde. C'est vrai, un ami est le cadeau le plus précieux qui puisse nous être offert.

Pourtant, qu'on ne s'y trompe pas, l'amitié suppose, au départ, un discernement, une maîtrise de soi, puis une discipline, une ascèse de l'oubli de soi vers le don de soi, afin de cueillir un jour les fleurs de la joie. Et celles-ci ne poussent que sur le chemin de la vertu. Le chemin de l'amour est tissé de sacrifices. Les racines de l'égoïsme sont profondes dans notre inconscient, elles constituent souvent nos premières réactions de défense, d'agressivité, de plaisir personnel.

Bien des amitiés se font et se défont pour un oui ou pour un non, se forment et se déforment sous l'usure du temps, se lient et se délient au tournant des désillusions…

Les amours les plus folles se refroidissent un jour, l'exaltation d'exister sous le regard d'un autre perd de son intensité…

Mais alors, y a-t-il un amour durable, résistant aux habitudes et à la grisaille des jours ? Comment être sûr que ce couple va tenir ? Cette communauté va-t-elle durer ? Y a-t-il une certitude, un fondement, un roc ? Aux jeunes fiancés que je rencontre pour la préparation à leur mariage, je pose toujours la question : « Donnez-moi une ou deux bonnes raisons ou garanties qui vous donnent l'assurance que votre couple tiendra toute la vie ? » Je ne reçois jamais de réponse, car ils savent leur amour encore bien fragile.

Alors je leur dis ceci :

« Non seulement vous avez le droit, mais le devoir, de penser que seul Dieu est le garant de la solidité de votre future union : lorsque vous vous engagez pour toujours l'un envers l'autre, au moment d'échanger vos consentements, Dieu s'engage avec vous pour toujours, et Lui ne ment pas, et Lui ne reprend jamais ni ses dons ni son Amour, mais à condition, bien sûr, que vous lui donniez une place centrale dans votre couple. »

En appui, cette parole de saint Jean :

« Comme le Père m'a aimé, moi aussi je vous ai aimés. Demeurez dans mon amour. Voici mon commandement : aimez-vous les uns les autres comme je vous ai aimés. Il n'y a pas de plus grand amour que de donner sa vie pour ses amis. » (Jn 15, 9 ; 12, 13)

Jean Cassien ne contredira pas mon propos :

« Entre deux êtres, ce qui est indissoluble, c'est l'Autre, le grand Troisième, l'Amour qui est "entre nous" et qui heureusement n'est pas nous, qui ne dépend ni de nos humeurs ni de nos idées. Sans cette référence commune à une transcendance, aucun couple, aucune communauté, aucune Église, aucun peuple, aucune nation ne saurait demeurer [1]. »

L'amitié se noue autour de la Transcendance divine par la prière commune, la méditation de la Parole, l'accueil de l'Amour de Dieu *« répandu dans nos cœurs »* (Rm 5, 5) qui cimente l'union, la répare et la guérit quand elle a été blessée. Une amitié qui reste uniquement entre quat'z-yeux est une amitié vouée à l'échec. L'amitié ne peut s'épanouir que si elle s'ouvre vers un but au-delà d'elle-même, vers cet Amour divin qui nous aimante et nous remet debout quand nous perdons pied. Prenons une communauté religieuse, par exemple. Les hommes et les femmes qui embrassent la vie religieuse ne se réunissent pas parce qu'ils sont bien ensemble, ce serait le début d'une cuisante désillusion, mais parce qu'ensemble ils ont, malgré leur différence, leurs divergences (et ils ne se sont pas choisis), un lien commun, supérieur à eux : Dieu. Sans ce choix premier, il n'y aurait aucune communauté qui tienne le coup ! Sans cesse tournés vers ce Visage, d'où l'importance de la prière commune, ils trouvent la paix du cœur et le désir de nourrir la vie fraternelle. Si ceci est vrai des communautés, combien plus encore des conjoints qui, eux, se sont choisis, et de toute relation humaine bâtie sur l'amitié. Ce principe posé, Cassien propose ensuite quelques conseils tirés de l'expérience des Pères du désert :

1. J. Cassien, *op. cit.*, p. 30-31.

– ne pas faire passer son confort, ses richesses et biens matériels, sa santé avant le bonheur des autres. Il ne faut rien préférer à l'affection des autres, qui doit être première : « Rien de ce qui est à moi qui ne t'appartienne ; rien de ce qui est à toi qui ne t'appartienne ; tout ce qui est à moi est à toi, mais jamais : tout ce qui est à toi est à moi, à moins que tu me le donnes et me le partages [1]. »Voilà la règle. L'enfer commence par : « Ça c'est à moi et ceci est à toi. » Cette règle n'a l'air de rien et pourtant, il vaut la peine d'y réfléchir et de voir comment la mettre en pratique au quotidien. Le partage des biens matériels dans une relation d'amour est, rappelons-le, une exigence de la justice ;

– ne jamais imposer sa volonté propre. L'amour n'impose pas, il propose : « Si tu veux, si tu peux… », mais éliminer les « Tu dois, il faut ». L'amour est source de cette liberté qui permet à l'autre de prendre des décisions venant tout droit de son cœur, et non de l'exigence d'un maître ou de la peur. L'adage le dit si bien : « On peut le forcer à marcher, mais on ne peut le forcer à aimer marcher. » L'imposition fait de l'autre un esclave qui agira sous la contrainte : il marchera, mais sans cœur ! La vertu d'amitié nous entraîne à la délicatesse dans nos relations ;

– tout sacrifier pour l'amour et la paix. Une paix qui n'est pas une fuite dans l'isolement, du genre : « Foutez-moi la paix, moi je me casse ! », et l'on se dispense d'aimer. Ou alors, un amour qui ne recherche pas la paix, mais sa satisfaction. L'amour tranquille ne se fabrique pas ainsi, et c'est pourquoi Cassien propose, pour l'acquérir, la prière du cœur, car par la persévérance, Dieu transforme peu à peu notre cœur de pierre en cœur de chair ;

---

1. *Id.*, p. 32.

– éviter la colère en luttant contre les jugements sur les autres, l'une des racines des éclats de colère. Et puis un principe : « *Que le soleil ne se couche pas sur votre colère pour ne pas donner prise au diable.* » (Ep 4, 26-27) S'endormir sur sa colère peut provoquer toutes sortes de cauchemars ou nous mettre de très mauvaise humeur le matin. Il faudrait toujours pouvoir exorciser sa colère avant d'aller se coucher, soit en parlant à la personne avec qui nous avons eu un litige, soit en pardonnant mentalement ou en demandant pardon de la même manière à Dieu, soit en pratiquant avec humilité et amour la Prière de Jésus. Et surtout, lutter contre les pensées de jugement ;

– penser à notre mort qui arrivera un jour ne peut qu'aviver notre désir d'aimer et de nous détacher de ce qui n'est pas l'essentiel : le démon est celui qui nous vole le moment présent pour nous empêcher d'être attentifs aux autres et à ce que nous faisons. En rêvant à autre chose pour fuir l'instant difficile, nous bâtissons des lieux de bonheur fictifs auxquels nous nous attachons [1].

B) Bannir les poisons des jugements

S'il n'y avait pas de défauts, il n'y aurait pas de jugements sur les autres !

Comment supporter les défauts des autres et ne pas perdre la paix du cœur ? Il n'y a aucune recette pour cela, si ce n'est de demander à l'Esprit Saint de venir transformer notre cœur pour y infuser sa charité.

Mais avant d'aller plus loin sur cette pente glissante, avalons la vitamine que voici, citée de mémoire :

---

1. Cf. *id.*, p. 161-183.

> « Un jeune moine, d'abord enthousiaste d'avoir tout donné au Seigneur, commença à déchanter après une année de vie commune.
> Il ne supportait plus les défauts des autres.
> Il alla demander conseil à l'ancien. Mais d'abord, on parla du problème numéro un qui agitait les moines : une invasion de sauterelles : "Ah, ces sauterelles, dit le jeune, elles s'infiltrent partout jusque dans les aliments. Comment fais-tu pour ne pas être dégoûté de manger ?" "Eh bien, la première fois qu'une sauterelle tomba dans la soupe, je jetai tout. Puis, au bout d'un certain temps, je sortais les sauterelles et je mangeais la soupe. Ensuite je mangeais tout, les sauterelles comme la soupe. Maintenant quand une sauterelle saute hors de la soupe, je la remets dedans !
> Quant à toi, jeune homme, voilà ce que tu dois faire avec les défauts des autres !" »

Tel est l'enseignement des Pères du désert : se changer soi-même, avant de vouloir changer les autres, en considérant comme siens les défauts des autres :

> « Tu vois l'orgueil chez ton frère ? Arraches-en toutes les racines en toi ; de la cupidité ? Regarde où est ton désir ; de la violence ? Veille à tes mains qui se crispent, à tes pensées qui assassinent... » Paul Valéry disait : « Si nos yeux se changeaient en pénis ou en révolver, les rues seraient vite pleines de cadavres et de femmes enceintes [1] ! »

Le jugement sur le frère est le poison de l'amour. D'ailleurs, celui qui juge ne commet-il pas les mêmes erreurs qu'il condamne chez le frère ? *« Tu es donc inexcusable, toi, qui que tu sois, qui juges ; car, en jugeant autrui, tu te condamnes toi-même, puisque tu en fais autant, toi qui juges. »* (Rm 2, 1) Souvent, nous jugeons donc autrui sur tout ce qui nous déplaît en nous-mêmes, mais que nous n'osons affronter.

---

1. *Id.*, p. 37.

La peine que nous éprouvons à être miséricordieux révèle une carence d'amour miséricordieux en nous. Plus nous en manquons, plus il faut le demander à Dieu, dans le sacrement de la miséricorde. Plus le pécheur saisira combien il est aimé de Dieu, avec ou malgré son péché, moins il jugera son frère tout autant aimé que lui.

Le non-jugement ne signifie pas que l'on ne doive parfois porter un jugement objectif sur la situation d'un frère (cf. Mt 18), mais en n'oubliant jamais d'enlever d'abord la poutre ou la paille de son œil à soi, c'est-à-dire d'éloigner tout sentiment de rejet et de non-amour, à la manière du berger qui souffre qu'une brebis de son troupeau s'égare et fait tout son possible pour la ramener. Sinon, la correction fraternelle ne peut porter du fruit.

Un remède : « *Que l'amour fraternel vous lie d'une mutuelle affection ; rivalisez d'estime réciproque* » (Rm 12, 10) pour éviter de se faire une idée trop haute de soi-même, ce qui masquerait les qualités des autres pour n'imaginer que leurs défauts. « *Il faut apprendre à tenir constamment son propre moi au banc des accusés et, dès qu'il s'en éloigne pour aller se placer à celui qui juge, l'y ramener avec douceur et fermeté* [1]. » Ce passage invite à voir dans le frère le représentant du Christ, ou celui en qui le Christ est présent. Nous le sentons bien, sans le « renouvellement de notre intelligence par l'Esprit », cela est au-dessus de nos forces ! Dieu ne nous demande pas l'impossible, mais seulement notre possible et notre bonne volonté, calmement, sans crispation et dans la confiance. Ensuite, Il s'occupera Lui-même de l'impossible.

---

1. R. Cantalamessa, *La vie dans la Seigneurie du Christ*, Paris 1990, p. 196.

En parlant de la Loi nouvelle, celle de l'Évangile, sainte Thérèse de Lisieux explique que Jésus n'a pas aimé ses disciples pour leurs qualités naturelles et que, cependant, il les appelle ses amis et veut mourir sur la croix pour leur ouvrir son Royaume. En méditant les paroles de Jésus (Jn 13, 34-35 ; 15, 15), elle comprend que son amour pour ses sœurs est imparfait, car elle ne les aime pas comme le Bon Dieu les aime. Elle comprend alors que la vraie charité consiste à supporter les défauts des autres, à ne point s'étonner de leurs faiblesses, à s'édifier des plus petits actes de vertus qu'on leur voit pratiquer... Mais Thérèse reste persuadée que Dieu ne commande rien d'impossible et que le commandement nouveau consiste d'abord à laisser Jésus aimer en elle :

> « Vous savez bien que jamais je ne pourrais aimer mes sœurs comme vous les aimez, si vous-même, ô mon Jésus, ne les aimiez encore en moi. C'est parce que vous vouliez m'accorder cette grâce que vous avez fait un commandement nouveau... Oui, je le sens, lorsque je suis charitable, c'est Jésus seul qui agit en moi ; plus je suis unie à Lui, plus aussi j'aime toutes mes sœurs. »

Thérèse saisit que la charité commence au-dedans, par la grâce du Saint-Esprit, Loi nouvelle infusée dans l'âme, mais s'épanouit au dehors [1]. La Sainte nous partage une intuition lumineuse qui va se concrétiser au quotidien :

– on ne peut se changer, il faut d'abord accueillir Jésus en nous, nous laisser aimer par Lui (c'est le début de la vie spirituelle, le commencement de l'union d'amour avec Dieu, une union transformante du cœur) et Le laisser aimer les autres en nous : il y a là tout un programme à méditer ;

1. Ste Thérèse de l'Enfant-Jésus, *op. cit.*, Manuscrit C 12 v.

– ne pas s'offusquer ni être choqué des défauts des autres : il faut les supporter, c'est douloureux, crispant, mais ça fait partie de la vie et c'est tout ; pas de quoi se culpabiliser ;

– faire l'effort de s'édifier de leurs petits actes bons, non seulement en le pensant, mais en le leur disant !

En d'autres termes, il ne faut pas attendre de parvenir au sommet de l'échelle de la sainteté, mais mettre en route ce programme qui, d'ailleurs, ne se trouve pas au-dessus de nos forces !

Même en croyant juger avec toute objectivité, on peut se tromper :

> « Puisqu'on prend mes petits actes de vertu pour des imperfections, on peut tout aussi bien se tromper en prenant pour vertu ce qui n'est qu'imperfection. Alors je dis avec saint Paul : je me mets fort peu en peine d'être jugée par aucun tribunal humain. Je ne me juge pas moi-même, Celui qui me juge c'est le Seigneur…
> Aussi pour rendre ce jugement favorable, ou plutôt afin de n'être pas jugée du tout, je veux toujours avoir des pensées charitables car Jésus a dit : Ne jugez pas et vous ne serez pas jugés (Lc 6, 37) [1]. »

Dans le jugement, la passion et la colère embrument la vérité ; pour bien faire, il faudrait d'abord dépassionner les paroles :

> « Pour qu'une réprimande porte du fruit, il faut que cela coûte de la faire et n'avoir pas une ombre de passion dans le cœur [2]. »

> « Quand vous êtes exaspérée par quelqu'un, le moyen de retrouver la paix, c'est de prier pour cette personne et demander à Dieu de la récompenser de vous faire souffrir [3]. »

1. *Id.*, 13 r - 13 v.
2. Thérèse de Lisieux, *Conseils et souvenirs*, *op. cit.*, p. 8.
3. *Id.*, p. 150.

Reconnaître aussi que ce qui nous déplaît chez l'autre est souvent notre propre miroir :

> « Je préfère être accusée injustement, parce que je n'ai rien à me reprocher, et j'offre cela au bon Dieu avec joie ; ensuite, je m'humilie à la pensée que je serais bien capable de faire ce dont on m'accuse [1]. »

C) La force du pardon

La colère qui gronde est une émotion ou une énergie saine et, une fois sortie, le calme revient. Au contraire du ressentiment qui est cette colère rentrée, languissante, rongeant du dedans et qui pompe beaucoup d'énergie. Combien de personnes blessées traînent avec elles, pendant des années, cette colère larvée, déguisée, à l'origine de toutes sortes de maladies psychosomatiques, voire des cancers. Pas seulement l'Évangile, mais bien des études médicales récentes démontrent que le pardon est le meilleur moyen pour libérer la personne de ces sentiments destructeurs. Si la vengeance apporte une satisfaction affective à la blessure, le sentiment qu'elle génère est de courte durée. La rage et l'amertume se réinstallent rapidement et il faut encore trouver une autre manière de se faire justice, de se venger, jusqu'aux pires violences parfois.

Entrée dans la Résistance au début de la guerre, Maïti Girtanner [2] raconte son arrestation par la Gestapo en 1943. Pendant de longs mois, elle fut torturée par un jeune médecin allemand de vingt-six ans, du nom de Léo. Libérée en 1944, elle en ressortit brisée, atteinte dans sa santé et, depuis,

---

1. *Id.*, p. 19.

2. Cf. M. GIRTANNER, *Même les bourreaux ont une âme*, Tours 2006.

privée de nombre de ses capacités physiques, devant souvent garder le lit. C'est la foi au Christ ressuscité qui l'aida à tenir le coup et à reconstruire sa vie jusqu'à sentir dans son cœur le besoin de pardonner à son bourreau. Pendant les décennies qui suivirent, elle se mit à prier pour cet homme, afin qu'il ne meure pas le cœur habité par la haine. Et puis un jour, quarante ans plus tard, en 1984, le téléphone sonna. La voix, à l'autre bout du fil, Maïti la reconnut comme si les événements s'étaient déroulés la veille : Léo ! Le bourreau avait retrouvé sa victime et désirait la rencontrer dans son appartement. Elle le reçut allongée. L'homme, dans la soixantaine, gêné, avoua qu'il mesurait sa responsabilité au sujet de ces séquelles. N'osant pas la regarder, il lui confessa qu'il avait un cancer et n'avait plus que six mois à vivre. Il lui avoua avoir été frappé par la foi en Dieu qu'elle avait manifestée, jadis, aux autres prisonniers, sa confiance devant la mort, etc. Il venait aujourd'hui chercher un peu de lumière sur sa vie et sur sa mort. Mais comment parler de la lumière sans d'abord faire la vérité ? Elle lui demanda s'il avait conscience de ce qu'il avait fait et qu'il n'était rien d'autre qu'un criminel de guerre ! Tout en essayant d'expliquer l'engrenage du nazisme, il finit par accepter cette implacable vérité, en reconnaissant l'horreur des faits. Puis il demanda s'il y avait une place pour les gens de son espèce près de Dieu ? L'aveu étant lâché, la victime se mit à parler à son ancien bourreau de l'amour du Christ, de sa mort sur la croix et du pardon accordé aux pires criminels. Au bout d'un moment, l'homme laissa échapper de ses lèvres, dans un murmure : « Je vous demande pardon. » Instinctivement, elle lui saisit la tête et déposa un baiser sur son front : « À partir de cet instant, je savais que je lui avais réellement pardonné. » Puis elle ajouta qu'il ne pourrait jamais réparer le mal commis et qu'il devait s'efforcer de faire tout le bien qu'il pouvait durant ses derniers mois de vie. Ses derniers mois furent effectivement des mois offerts aux autres et il put mourir dans la paix grâce au pardon.

Ce poignant témoignage nous rappelle que pardonner :

– n'est pas oublier l'offense, car les conséquences du mal sont là, la blessure reste ouverte, mais c'est, en quelque sorte, détruire le venin de l'amertume et du ressentiment ; il sera possible, dès lors, d'évoquer l'événement sans douleur ;

– n'est pas du forcing, du genre « Tu es chrétien, tu dois, il faut pardonner… » Bien qu'il soit recommandé de poser des actes de pardon (cf. Lc 6, 27-35), il n'est, par contre, pas possible de ne plus ressentir envers l'agresseur des émotions de haine ou de rejet, qui demandent aussi à être entendues. Le pardon est un chemin qui traverse des moments de révolte, d'angoisse, d'espérance et de confiance dans le Seigneur ;

– n'est pas toujours de se retrouver comme avant avec l'agresseur, dans une bonne relation, comme si rien ne s'était passé. Le pardon déplace les limites et garde les distances ;

– n'est pas excuser l'autre, car ce serait déresponsabiliser l'agresseur et envisager le mal superficiellement, ce qui n'aiderait personne à faire un vrai chemin ;

– n'est pas montrer sa supériorité pour humilier l'agresseur, au contraire de l'excuse, qui serait de profiter de « tout lui dire et de l'accuser de tous les maux subis » ;

– n'est pas uniquement une thérapie psychoaffective, il est aussi remise à Dieu de ses blessures, et intercession autant pour l'agressé que pour l'agresseur. Au moment où Jésus offre son pardon sur la croix, il ne dit pas « Je vous pardonne » mais bien *« Père, pardonne-leur »* (Lc 23, 34), comme pour signifier par là que, humainement, il est parfois impossible de pardonner ; par contre, le demander au Père devient un chemin possible.

Quelles sont les tâches à accomplir en vue d'un pardon authentique, tenant compte tant des facteurs affectifs que spirituels ?

Pour y répondre, je m'inspirerai des étapes du pardon proposées dans un livre intéressant de Jean Monbourquette [1] sur comment pardonner, tout en en modifiant librement la trame :

Première étape : ne pas se venger et faire des gestes offensants

Car la vengeance nous braque sur le passé, attise le ressentiment, l'hostilité, ses propres sentiments de culpabilité, le stress. On ne peut pas guérir d'un mal en infligeant à l'autre un autre mal. La vengeance peut se manifester sous des formes plus insidieuses : pensées obsédantes, critiques et médisances, toutes sortes de pensées sur la manière dont l'offenseur et moi-même allons réagir lors d'une prochaine rencontre, etc.

Deuxième étape : reconnaître sa blessure, sa pauvreté

Il arrive que l'agressé nie et refuse ses émotions en jouant au dur pour montrer qu'il est un solide, un « homme » ; par fierté, pour ne pas montrer qu'il a été touché, de peur de perdre la face, ou en jouant à l'ange pour bien montrer qu'un chrétien reçoit l'aide de Dieu et que, de ce fait, ça lui coule par-dessus, ou par peur et refus d'être humilié.

Bien au contraire, il s'agit d'accepter d'abord ce sentiment d'humiliation (car il est réel), puis la honte qui suit

1. J. Monbourquette, *Comment pardonner*, Paris 1994.

l'offense, pour la relativiser et la digérer ensuite. Sans quoi, l'agressé joue à la politique de l'autruche en donnant l'impression que tout lui passe par-dessus, ou il laisse éclater sa colère et sa vengeance. C'est simplement un moment de vérité qu'il faut accepter !

Troisième étape : partager sa blessure avec quelqu'un

Car l'un des aspects les plus insupportables de la blessure est de se sentir seul. Partager, dire et se dire permet de relativiser, de prendre de la distance avec la blessure et, parfois, de trouver ses propres solutions.

Mieux encore, si ce partage peut se faire avec l'offenseur, mais jamais avec des mots accusateurs : « Tu m'as profondément blessé, voilà ce que tu m'as dit et comment tu l'as dit, etc. » C'est le meilleur moyen de rompre la relation, d'autant que les choses réchauffées augmentent la gravité des faits. Mieux vaut s'exprimer sous la forme du doute : « Voilà comment moi j'ai ressenti les choses et depuis, je me sens mal, mais je ne crois pas que, de ton côté, tu pensais ainsi, etc. »

Quatrième étape : bien identifier ce qui a été touché

Calmé, je peux regarder la blessure, en me demandant la raison d'une telle réaction en moi. Quel point sensible l'événement est-il venu toucher en moi ? Quel souvenir douloureux cette parole a-t-elle réveillé en moi ? Le souvenir de cet événement du passé a été oublié, jeté dans l'inconscient, mais seule l'émotion qui lui était liée resurgit ici, ce qui provoque une forte réaction. L'événement du présent (la blessure présente) est alors vécu avec une force décuplée.

C'est pourquoi, la plupart du temps, nous sommes blessés par l'interprétation de l'événement et non par l'événement lui-même. Quelles valeurs en moi cette interprétation présente vient-elle toucher ? Mes compétences professionnelles ? Ma confiance en moi-même ? Mon estime de soi ? Toute ma personne ? Une simple parole lancée en l'air sans réfléchir peut provoquer l'effondrement psychologique de la personne, tandis que, pour l'offenseur, ce n'était qu'une parole banale. Et il va s'effondrer à son tour, quand il apprendra les dégâts qu'il a provoqués sans le savoir. C'est pourquoi il est important de mettre les choses à leur juste valeur. Dans ce cas, il faut chercher l'origine de cette blessure enfouie qui me fait « sauter » de pareille manière, et demander au Seigneur de visiter cette blessure, de la mettre à la lumière.

Il faut aussi devenir conscient de la nature de la relation avec cette personne : dépendance infantile, fusion, domination, perte de sa liberté intérieure, etc.

Ma réaction dévoile aussi mon péché : mon orgueil, mon amour-propre… Il importe également d'être attentif aussi aux attitudes inconscientes qui cherchent à agacer l'autre et provoquer le malaise : une mimique, le ton d'une parole, un geste, etc.

Cinquième étape : se pardonner à soi-même

Celui qui veut aimer, mais ne parvient pas à s'aimer lui-même à sa juste valeur, ne parviendra pas à aimer. On ne peut efficacement pardonner si l'on reste déçu de soi-même, nageant dans le négatif. Le pardon à l'autre passe aussi par le pardon à se donner à soi-même.

Un des obstacles est de se juger soi-même : « De toute façon, je suis un nul ; la prochaine fois que ça arrivera, j'aurai la même réaction ; je n'arrive pas à être autrement, etc. » Si quelqu'un est cruel envers lui-même, comment peut-on attendre de lui de la compassion pour les autres ?

La mésestime de soi vient de ce qu'on n'a pas atteint l'idéal rêvé pour soi-même, car on avait mis la barre trop haute, faisant fi de ses limites et de sa fragilité. Alors, il faut passer de l'humiliation à l'humilité, cette vertu qui met la barre à sa juste hauteur (humilité, de humus, « terre », avoir les pieds sur terre).

Voici alors la prière : « Dans la puissance de ton amour, donne-moi, Seigneur, la grâce de me pardonner à moi-même. »

Sixième étape : voir l'offenseur dans la lumière

Le souvenir de la parole offensante diabolise l'offenseur, ce qui amène des pensées obsédantes de jugement sur lui. En réalité, l'offenseur me renvoie les côtés mal-aimés de moi-même, côtés que j'aurais aimé oublier. Souvent, le défaut qui me blesse chez l'autre est celui qui se trouve chez moi, enfoui volontairement dans les oubliettes, et il est bon de le savoir (voir Mt 7, 3 : la paille et la poutre). C'est pourquoi, quand je juge quelqu'un avec violence, c'est un peu moi-même que je juge. L'autre n'a fait que dévoiler le côté obscur de ma personnalité.

Par conséquent, il ne faut pas réduire l'offenseur à sa parole ou à son acte, il faut se dire qu'il vaut bien plus que cela. En outre, il faut aussi le comprendre comme un être fragile, peu sûr de lui, vite déstabilisé, et savoir qu'il ne peut réagir autrement. Ces circonstances atténuantes aident à faire la démarche de pardon et mettent l'offenseur en confiance. « Pardonner, ce n'est pas un geste d'effacement, mais de confiance en l'autre, à travers une certaine souffrance, mais qui n'est possible qu'avec l'aide de Dieu. » (Ph. Madre)

Par la suite, il faudra aussi se poser positivement la question : comment l'expérience de cette offense m'a-t-elle permis d'évoluer et de grandir ? Certainement en me dévoilant à moi-même pour une nouvelle conversion, en me donnant une force spirituelle nouvelle pour mieux gérer les conflits, en réalisant ma capacité nouvelle à dépasser les blessures, afin d'acquérir plus de liberté intérieure et de solidité.

Septième étape : l'aide de Dieu

Bien vite, nous constatons que cette démarche dépasse les forces humaines. C'est à ce moment-là qu'il faut offrir à Dieu toutes nos incapacités et nos impuissances à changer nos jugements et à dépasser la douleur de certaines blessures. Dieu nous aidera à faire la vérité sur nous-mêmes, à séparer le bon grain de l'ivraie lorsque nous jugeons l'offenseur et à prendre conscience de notre péché.

Offrir l'offenseur est ici capital ! Dans l'offrande, Dieu va me détacher de mes peurs et de mes angoisses. Il va ainsi rejoindre le cœur de l'autre. Offrir, c'est mettre l'offenseur dans la lumière du Christ, vainqueur des ténèbres. Cette lumière rejoindra les ténèbres de la personne offerte et sera capable de la changer.

Alors, à travers la grâce du sacrement du Pardon, nous pourrons entrer dans une véritable démarche de pardon. L'Évangile nous apprend que les êtres les plus disponibles au Pardon de Dieu sont ceux qui se sentent les plus faibles et les plus fragiles, et non ceux qui pensent tout résoudre par eux-mêmes, comme les pharisiens.

Huitième étape : la démarche concrète du pardon

La suite normale et souhaitable du pardon demeure la réconciliation, surtout pour les personnes unies par un lien étroit. Mais pour d'autres, le pardon n'est pas forcément la réconciliation (se re-mettre ensemble). Pardonner réellement ne demande pas toujours une démarche extérieure vers la personne, car pardonner est d'abord une disposition du cœur pour retrouver la paix intérieure, que l'offenseur soit abordable ou pas (peut-être est-il mort). D'ailleurs, l'offenseur qui n'a pas fait ce même chemin pourrait se sentir offusqué d'une telle démarche, sûr de n'avoir pas fauté. Le pardon est d'abord une libération pour soi-même.

Quand la discussion est possible avec lui, il sera alors important de faire la part des choses, dans la justice et la vérité. L'offenseur aura à admettre ses torts et à réparer le mal commis. Réparer sa faute permet à l'offenseur de quitter ses remords et de retrouver le chemin de la paix.

En conclusion, le pardon n'est jamais un coup de baguette magique, mais il est un chemin à faire. Comme on dit, il est possible de pardonner en vérité, de poser un acte volontaire de pardon, mais oublier est difficile. Et cela est normal car notre affectivité reste blessée, puisqu'on ne peut faire disparaître totalement les émotions liées à la blessure. Mais loin de nous arrêter, la blessure ouvrira en nous des sources de compassion et de compréhension beaucoup plus grandes pour les autres, avec l'aide de Dieu. N'oublions pas que Jésus apparaît au milieu de ses apôtres avec les blessures de sa Passion.

Le signe de la guérison achevée apparaît lorsque nous parvenons, non seulement à rencontrer l'autre sans ressentiment, mais en reconnaissant, avec émerveillement, les belles choses qu'il dit ou réalise ! Mais, dans un premier temps, acceptons tout au plus de le respecter sans jugements de pensées !

En guise de conclusion : Être pleinement soi-même c'est possible !

1. Le devoir de se faire homme

Sur le fronton du temple de Delphes, dans la Grèce antique, les pèlerins pouvaient lire l'inscription : Connais-toi toi-même.

Toujours d'actualité, ce précepte nous rappelle que l'homme n'a jamais fini de se connaître, d'où l'éternelle question : qui est l'homme et qui suis-je ?

> « Nous ne savons pas qui nous sommes et chaque jour, nous voyons surgir en nous des régions inexplorées, des terres inconnues, des continents en dérive, des cités qui s'élèvent ou s'écroulent : tout un univers en perpétuelle gestation.
> Et le mystère de notre vie : nos espoirs et nos rêves, nos douleurs et nos faiblesses, notre grandeur et notre misère, tout cela, chacun de nos semblables, à sa manière, le vit [1]. »

1. M. Zundel, *L'Évangile intérieur*, *op. cit.*, p. 19.

L'Homme…

Au départ… l'animal, le terreux, qui plonge ses racines dans l'humus, qui se lève du sol, l'homme au goût de terre. Au départ… animal tissé de ce faisceau de pulsions irrationnelles et aveugles, oscillant entre la satiété et le besoin, le désir et le plaisir. L'homme-robot, passionnel, qui obéit au sursaut de l'instinct.

Au départ… homme, animal raisonnable, doué de raison, capable de s'élever au-dessus de la matière, d'émerger de ce faisceau pulsionnel, de domestiquer ses instincts, de refuser de dépendre, de se soumettre aux déterminismes de la passion.

Au départ… homme doué d'un cœur, capable de mettre sur les lèvres un « Je t'aime », rompant ainsi avec l'animal, pour rejoindre la « perle fine, le trésor caché » au fond de tout être, telle une présence dans ce que la matière a de plus noble, mais la transcendant à la fois, pour s'ouvrir à un Infini qui le dépasse et que l'on ne peut saisir.

Qui est l'homme ? Du faisceau des passions qui l'enveloppe au départ, l'homme est appelé sans cesse à naître à son humanité, à devenir ce qu'il est, en vivant en homme libre et non en esclave soumis à des forces irrationnelles montant d'un inconscient verrouillé et obscur. Plus il s'ouvre à lui-même, à la présence de lumière qui est en lui, plus il répond et correspond à l'appel de sa Source et de ces Espaces infinis, plus il devient beauté, bonté, liberté, s'accomplissant enfin dans l'Éternité ! Alors, si Dieu est Amour, l'Homme est amour. Telle est sa vocation. Tel est son accomplissement.

2. Ne pas enfouir son talent

Bien des personnes, pensant être sans valeur, vont enterrer leur talent, vivant ainsi repliées sur elles-mêmes.

Souvenons-nous de la parabole des talents (cf. Mt 25, 14-30) : avant de partir, un maître confie ses talents à ses serviteurs pour qu'ils les fassent fructifier. À l'un il donne cinq talents, à un autre deux et au dernier un seul talent. Les premiers ont travaillé, fait fructifier leurs talents et rapporté beaucoup d'argent à leur maître. Tandis que celui qui n'avait reçu qu'un seul talent alla le cacher dans la terre. Au retour, les travailleurs furent félicités et le maître dit à chacun : « *C'est bien, bon et fidèle serviteur, tu as été fidèle en peu de choses, sur beaucoup je t'établirai ; viens te réjouir avec ton maître.* » Le dernier reçut de vifs reproches : « *Mauvais serviteur, paresseux ! Tu savais que je moissonne où je n'ai pas semé et que je ramasse où je n'ai rien répandu. Il fallait donc placer mon argent chez les banquiers : au retour, j'aurais recouvré mon bien avec un intérêt. Retirez-lui donc son talent et donnez-le à celui qui a les dix talents !* »

N'y a-t-il pas une injustice : cinq talents à l'un, et à un autre un seul ?

Imaginons un autre ayant reçu dix talents. Il se dit : « Je vais les mettre en bourse et le maître va gagner trois fois plus ! » Il suit la bourse presque jour et nuit, tellement il veut ce résultat. Et voilà que les dix talents en rapportent quarante !

Heureux, il se réjouit de communiquer le résultat à son maître. Mais voilà que le lendemain, chute de la bourse (ça arrive) et il perd tout !

Que va lui dire son maître ? « *C'est bien, bon et fidèle serviteur... viens te réjouir avec ton maître...* » Même récompense que pour celui qui a reçu cinq et deux talents, et en a rapporté le double ou le triple, échappant au crac boursier. Même langage ! Mais alors, où est la logique ?

La parabole ne met l'accent ni sur le nombre des talents ni sur le résultat. Nous, nous calculons et regardons le but à atteindre absolument, tandis que Dieu regarde le travail, la bonne volonté, le don de soi, et non le résultat. Les banques, c'est le contraire : si les bénéfices ne sont pas bons, on licencie… même celui qui s'est donné corps et âme !

Pour Dieu, ce qui importe, c'est d'avoir aimé ! C'est d'avoir tout fait pour aimer, d'avoir au moins essayé…

Seigneur, regarde tout ce que j'ai fait pour le Royaume ! Vois mon succès ! C'est bien, lui répondra le maître, mais as-tu aimé et comment as-tu aimé ? Pour atteindre ce résultat, combien de personnes n'as-tu pas menacées, stressées, chassées et licenciées pour en reprendre d'autres, toujours plus performantes ? As-tu été miséricordieux, tolérant, à l'écoute de ceux qui travaillaient ? **En un mot, comment as-tu aimé ?**

Tandis que celui qui n'avait reçu qu'un seul talent n'a rien fait, il ne s'est pas donné de la peine. Il a regardé les autres travailler au lieu de se mettre à l'œuvre de tout son cœur. Il s'est découragé d'avance, en se disant que de toute façon, il était nul et qu'il ne changerait pas le monde.

En venant au monde, nous avons tous reçu la Vie, ce trésor renfermant des talents à mettre à notre actif et au profit des autres : nos qualités personnelles qui se développent au fil de la vie, les vertus qui s'entraînent et ennoblissent nos actions, les dons de Dieu qui nous élèvent jusqu'à Lui.

Des talents pour aimer, des talents pour devenir plus Homme, des talents pour nous dégager de la matière et dépasser notre animalité pulsionnelle, dont nos comportements sont marqués, provoquant jalousies, haines, divisions, guerres… « L'Homme passe l'Homme » disait Pascal ! C'est vrai, il y a en nous bien plus que ce que nous percevons momentanément. Il y a en nous l'Homme à naître, l'Homme que Dieu fait naître, cet Homme tellement capable de dépassement, de beauté et de prouesse ! Au sein d'une civilisation tourmentée et souvent sans but ultime, plus que jamais, il faut croire en l'Homme, croire en ses capacités de dépassement, il faut croire en Dieu dans l'Homme… Et aimer, humblement, sans calcul et sans mesure, car la mesure de l'amour, c'est d'aimer sans mesure !

3. Le devoir d'évangéliser

Dans son livre *Sagesse d'un pauvre*, Eloi Leclerc fait dire à François d'Assise :

> « Le Seigneur nous a envoyé évangéliser les hommes. Mais as-tu déjà réfléchi à ce que c'est qu'évangéliser les hommes ?
> Évangéliser un homme, vois-tu, c'est lui dire : toi aussi, tu es aimé de Dieu dans le Seigneur Jésus. Et pas seulement le lui dire, mais le penser réellement. Et pas seulement le penser, mais se comporter avec cet homme de telle manière qu'il sente et découvre qu'il y a en lui quelque chose de sauvé, quelque chose de plus grand et de plus noble que ce qu'il pensait, et qu'il s'éveille ainsi à une nouvelle conscience de soi. C'est cela, lui annoncer la Bonne Nouvelle. Tu ne peux le faire qu'en lui offrant ton amitié. Une amitié réelle, désintéressée, sans condescendance, faite de confiance et d'estime profondes…
> Il faut aller vers les hommes. La tâche est délicate. Le monde des hommes est un immense champ de lutte pour la richesse et la puissance. Et trop de souffrances et d'atrocités leur cachent le visage de Dieu. Il ne faut surtout pas qu'en allant vers eux, nous leur apparaissions comme une nouvelle espèce de compétiteurs. Nous devons être au milieu d'eux les témoins pacifiés du Tout-Puissant, des hommes sans convoitises et sans mépris, capables de devenir réellement leurs amis. C'est notre

amitié qu'ils attendent, une amitié qui leur fasse sentir qu'ils sont aimés de Dieu et sauvés en Jésus-Christ. »

Révéler à l'Homme Celui qui habite son cœur,
Lui dire qu'il y a en lui plus que lui,
Lui montrer une porte ouverte dans toutes ses impasses,
Et lui murmurer que nul n'est trop loin pour Dieu,
Et que nul n'est perdu pour Dieu,
Et qu'avec Lui, il y a toujours une solution possible,
Un pardon possible,
Une vie possible,
Une Éternité possible,
Un Alpha et un Oméga,
Un commencement et une Fin,
Une Fin et une Nouvelle Naissance,
Une Nouvelle Naissance et un Accomplissement…
Parce que Dieu, par la mort et la résurrection du Christ, a transfiguré toute détresse en Lumière…

Le chrétien, humblement, est le témoin de cet Amour qui ne ferme jamais rien, comme le témoigne cette lettre de Julien, vingt-deux ans :

> « Longtemps, je me suis tu. Je me sentais comme le lépreux de l'Évangile. Je me voyais laid, sale, affreux, méchant… Je me dégoûtais… J'avais peur de moi… peur des autres… peur d'une fille… peur d'un gars…
> Après des années à crier, à me révolter, à me durcir, un soir dans la prière, j'ai compris, j'ai accepté. Je me suis vu, pas pire, mais autrement que mes amis qui, eux, sont à l'aise dans leur amour, dans leur sexualité.
> Je me suis vu non plus comme un être malade, dévié et anormal… Mais je me suis vu dans les yeux de Jésus. Je me suis miré dans le miroir de la Face de Jésus et j'ai vu ma face en Jésus. Alors je me suis senti aimé… Et j'ai accepté en moi non pas l'être malade, mais blessé. Et j'ai aimé ce que j'étais, et non ce que trop longtemps j'aurais aimé être.

J'ai accepté la blessure de mon homosexualité… J'ai accepté d'être plus fragile, plus vulnérable, plus blessable que bien de mes frères.
J'ai compris que je pouvais être guéri par l'Amour, mais que mes blessures n'en seraient pas cicatrisées pour autant. Mais que l'Amour ne ferme jamais rien. Mais que l'Amour ne guérit que pour ouvrir. Que mes faiblesses ne sont pas supprimées, mais transformées…
J'ai compris que je resterai un être fragile, vulnérable, et sans doute peut-être jusqu'à la transformation finale. »

Annexes

I - L'HOMME SOUS LE REGARD DU PHILOSOPHE

1. *L'être somatique*, attelage et carrosse : la personne perçue par ses sens, telle qu'elle m'apparaît et qui laisse transparaître un peu de ce qu'elle est, par exemple le sourire, la colère ou la tristesse, sympathie ou antipathie.

2. *L'âme sensible*, les chevaux, avec ses onze passions, l'amour est en premier et tire tous les autres.

3. *L'âme spirituelle* avec ses deux qualités : le cocher, la volonté tient les rênes et dirige l'attelage tandis que l'intelligence donne l'orientation du but choisi. À l'intérieur du carrosse se trouve le roi, la source, le moi profond, l'âme spirituelle. C'est lui qui, en réalité, conduit l'attellage à travers le cocher, qui est à son service. Les chevaux, les passions, sont bien harmonisés et tenus en bride par la volonté, pour servir au voyage. Sans eux, le carrosse resterait sur place ; ils sont dynamiques, fonceurs et bien ordonnés. Mal attelés et sauvages, ce serait l'accident. Assumées par l'âme, nos passions deviennent une richesse.

II - Un exemple de démarche prudentielle

	QUOI ?	COMMENT ?	POUR-QUOI ?
1	Un désir général (volonté générale)	J'aimerais rendre service à la paroisse	Être un chrétien engagé à la suite du Christ, pour Lui
2	Le désir devient concret, c'est l'intention	Je désire entrer dans le conseil de communauté	Pour faire quelque chose de concret et transmettre le Christ
3	Les moyens utilisés : je délibère. Je pèse le pour et le contre	Par rapport à ce que je peux faire ou donner, a-t-on besoin de moi ? Aurai-je le temps suffisant pour durer ? Je dois demander conseil	Pour que mon engagement soit utile et réponde à un besoin précis
4	Le choix : je me décide	Je tiendrai le registre des PV et classerai les archives	Le secrétariat me convient tout à fait
5	Le commandement	J'irai en voiture	Les réunions ont lieu une fois par mois, et la prochaine, le 15 avril
6	L'exécution	Je me lève et ferme la maison	C'est le jour prévu, il est 19 h 45 et il faut y aller
7	Joie ou plaisir	Il y a une bonne ambiance, chacun prend du temps pour écouter l'autre. Je suis bien accueilli	Le but est atteint : joie de servir le Christ et plaisir d'être avec ses membres

III - Les vertus cardinales

Cavaliers sombres = vertu de tempérence

Cavaliers clairs = vertu de force

Rênes = vertu de justice

Lampes = vertu de prudence

Les chevaux = les passions

IV - Organisme psycho-spirituel

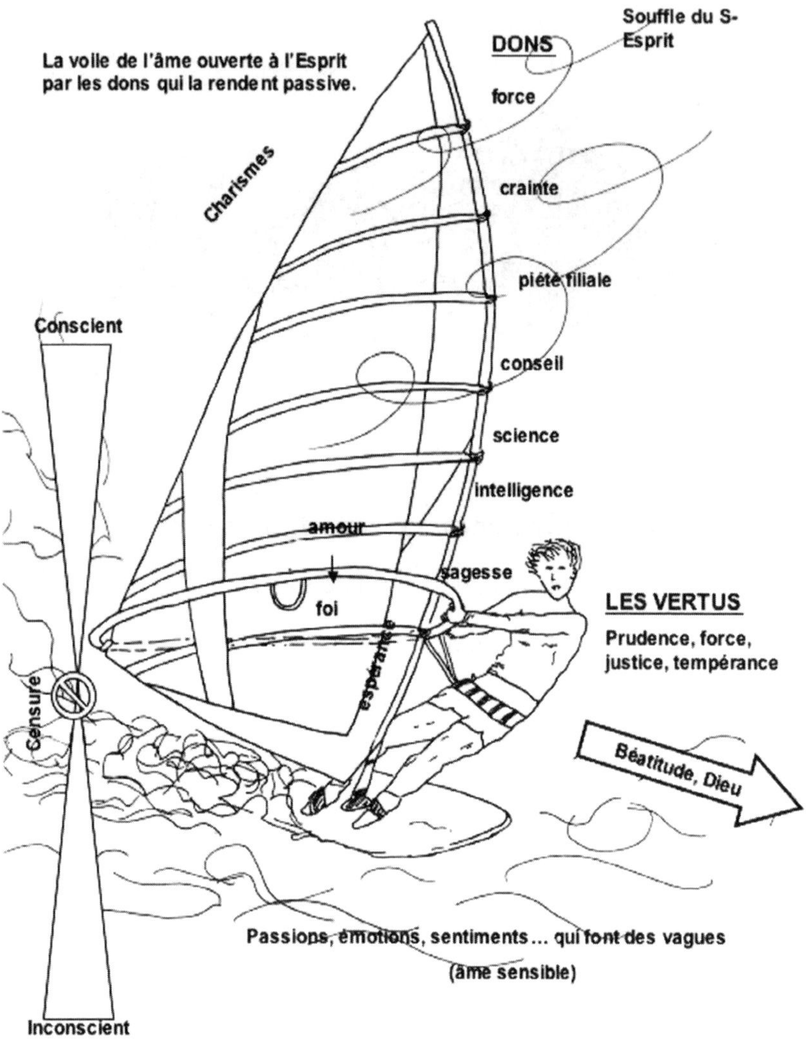

V - Les mécanismes de défense

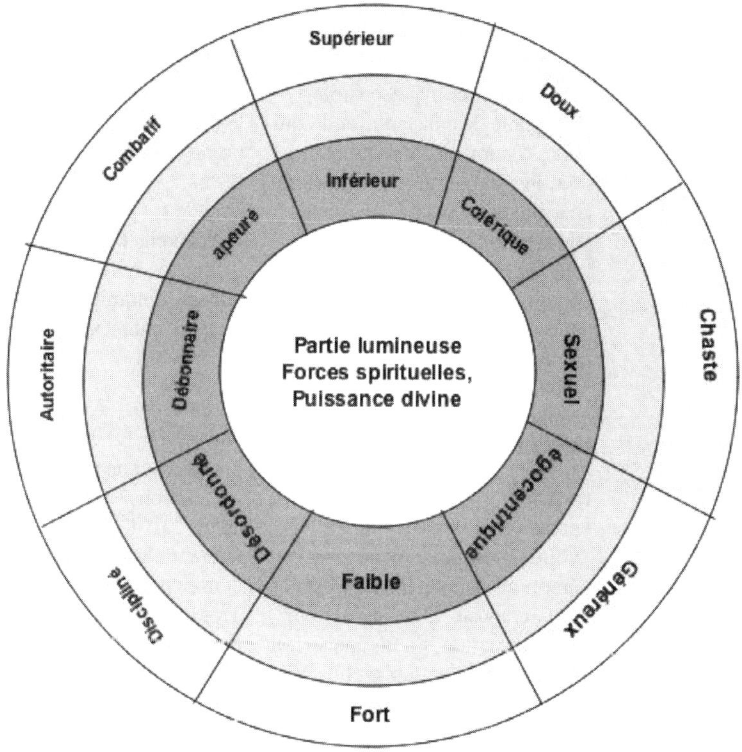

VI - La classification des caractères selon Le Senne

TYPE	DÉSAVANTAGES	AVANTAGES
Le nerveux	Très émotif et hypersensible, incapable de constance et d'équilibre d'humeur. Impulsif et sentimental, il grossit tout et n'a pas de juste mesure. En quête de sensations fortes, toujours sur la défensive avec ce besoin continuel de provoquer les autres ; en face de lui on ne sait jamais à quelle sauce on va être mangé.	Un cœur d'or, sa sensibilité le rapproche des autres et il prend la défense de causes justes. Don de soi jusqu'au sacrifice. Il recherche la perfection, il aime la prière, le recueillement, l'intimité avec Dieu où il se sent bien.
Le sentimental	Soumis à l'empire de ses émotions qui sont vives avec une sensibilité très aiguë. Pessimiste, porté vers la mélancolie, voire le scrupule. A cause des émotions son jugement n'est pas toujours juste. Doué aussi pour l'introspection, l'auto-analyse, il se réfugie volontiers en lui-même et peut être très peu sociable à cause de l'immense énergie que cela lui demande.	Ouvert à la réflexion profonde et ne supporte pas les relations superficielles, ce qui fait de lui un ami fidèle, un travailleur consciencieux. Très délicat et à l'écoute des autres. Il s'engage avec passion pour une cause qu'il pense juste.

LE COLÉRIQUE	Impulsif et aussi très émotif. Tendance à la domination et au pouvoir, à l'hyperactivité.	Meneur et leader, très généreux, intelligence vive, concret, au contraire du rêveur, il voit tout de suite ce qu'il faut faire. Actif, son hyperactivité le protège de déprimer devant les situations dramatiques, il tire les autres en avant. Capable de devenir un grand orateur avec une parole qui touche.
LE PASSIONNÉ	A cause de son engagement passionné, il ne supporte pas ceux qui ne le suivent ni ne le comprennent. Porté ainsi à l'ambition, à ne plus pouvoir s'arrêter, à vouloir en faire toujours plus. Il peut verser dans n'importe quel excès.	Persévérant, réfléchi et attachant, voilà ce qui le conduit à de brillantes réussites sur le plan social. Il élève sans cesse l'idéal à atteindre et l'on se demande quand il dort et mange, grande capacité de récupération. Capable d'entraîner bien du monde à sa suite par sa manière de persuader.
LE SANGUIN	Guère doué pour les engagements à longue durée, il attend plus de l'immédiat. Il manque de profondeur et de compassion car peu émotif. Il raisonne froidement, avec une logique implacable, ce qui fait de lui un être distant, froid, petit sourire narquois sur les lèvres. Peu de convictions profondes, il est guetté par l'indifférence et même la dureté dans les contacts. Il se méfie des autres, d'où ses contacts superficiels.	Il a l'avantage de garder la tête froide et de prendre le temps de raisonner car non soumis à l'émotivité. La sérénité va le conquérir car il fuit les situations où l'on dramatise. Il a l'avantage d'être objectif.

LE FLEGMATIQUE	Les contacts avec autrui ne vont pas très loin, il est peu touché par les problèmes des autres. Il est poli et même indifférent. Peu chaleureux et d'une sécheresse émotive. A l'opposé du nerveux.	Calme voire impassible, pondéré, exact, il est d'une égalité d'humeur qui fait rêver. Doué d'une étonnante maîtrise, il est capable de faire face aux situations les plus inattendues et les plus dramatiques. Il est vivement attiré par tout ce qui est logique, intellectuel.
L'AMORPHE	Très tourné vers lui-même et isolé à cause de l'absence d'émotion. Il ne pense qu'à satisfaire ses besoins personnels d'où son égoïsme notoire. Négligent, paresseux, parasite et pas persévérant du tout. Peu d'énergie.	Tourné vers les activités d'ordre artisanal et artistique qui requièrent des exécutants dociles, volontiers soumis à la volonté d'un animateur. Obéissant par nature, il sera un parfait imitateur, produisant l'œuvre d'un autre.
L'APATHIQUE	Privé d'une grande sensibilité, il n'aime pas être dérangé, ni par les enfants , ni par un animal de compagnie. Pauvre en contact, solitaire. On ne parvient pas à le toucher mais si on réussit à percer sa carapace et à le blesser, il sera rancunier très longtemps. Casanier, entêté, attaché à ses habitudes, il ne change pas d'opinion. Attaché à des principes, il éduque ses enfants de manière rigide.	Il est un excellent exécutant ; scrupuleux, on peut lui faire confiance. Il réussit les qualités d'ordre, de ponctualité, de droiture qu'un chef d'entreprise souhaite rencontrer chez ses subordonnés sans oublier leur stabilité autour d'une petite vie tranquille.

VII - Les quatre zones de l'être humain

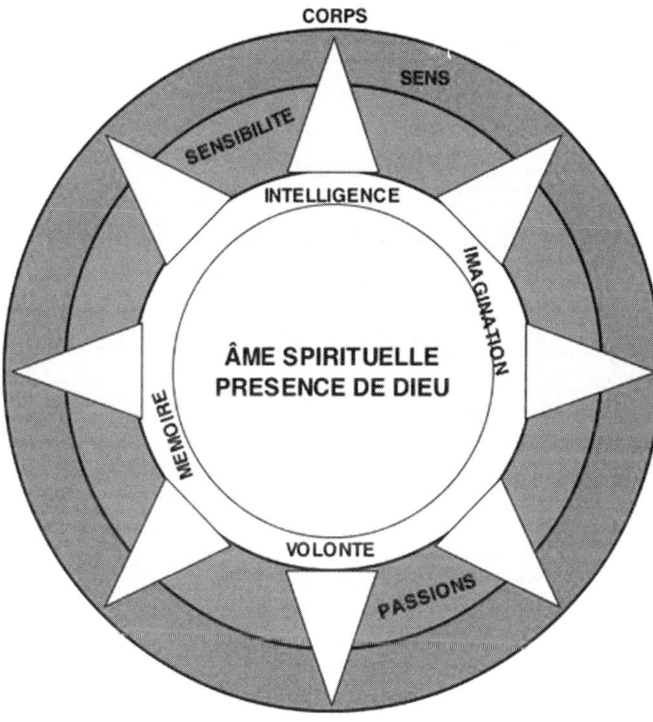

L'âme spirituelle illumine toutes les couches de l'être

Bibliographie consultée

– *Abba, dis-moi une parole, Paroles mémorables des Pères du désert*, Solesmes 1984.

– Auteur anonyme, *Récits d'un pèlerin russe*, Livre de Vie n° 62, Paris 1966.

– Arminjon Blaise, *Sur la lyre à dix cordes, À l'écoute des psaumes*, Paris 1990.

– Blais Gérard, *Les passions humaines*, Sherbrooke 1951.

– Blaquière G., *Oser vivre l'amour*, EDB 1993.

– Basset Lytta, *Sainte colère*, Paris 2002.

– Cantalamessa R., *La virginité*, Éditions du Lion de Juda, 1990.

– Cantalamessa R., *La vie dans la Seigneurie du Christ*, Paris 1990.

– Carrez M. et Morel F., *Dictionnaire grec-français du Nouveau Testament*, Paris 1981.

– Caldelari H., *Pardon, source de vie : comment se confesser*, Paris-Fribourg 1981.

– Cassien Jean, *Les collations ou l'unité des sources*, textes choisis et présentés par Jean-Yves Leloup, Paris 1992.

– Dahler Étienne, *Si je t'oublie Jérusalem*, Éditions du Lion de Juda, 1985.

– DANIEL-ANGE, *Ton corps fait pour l'amour*, Paris 1988.

– DAIGNEAULT ANDRÉ, *Le chemin de l'imperfection*, Québec 2000.

– DAUJAT JEAN, *Y-a-t-il une vérité ?*, Paris 2003.

– DELBRÊL MADELEINE, *Alcide guide simple pour simples chrétiens*, Paris 1968.

– DEMAZIÈRE RAYMONDE, *Le caractère par l'écriture*, Genève 1978.

– DONZÉ M., *La pensée théologique de Maurice Zundel*, Genève 1980.

– DONZÉ MARC, *L'humble présence*, Genève 1985.

– DENNIS LINN ET MATTHEW LINN, *La guérison des souvenirs*, Paris 1997.

– EVAGRIO PONTICO, *Sui pensieri*, Roma 2005.

– FRANKL VIKTOR, *La psychothérapie et son image de l'homme*, Paris 1970.

– FRIELINGSDORF, *L'Agressione, Forza vitale positiva*, Milano 2002.

– GIOIA F., *Il coragio di sperare contro ogni speranza*, Milano 2001.

– GUILLAMONT A., *Un philosophe du désert : Evagre le Pontique*, Paris 2004.

– GEORGES B., *Faire les bons choix au bon moment*, EDB, 2007.

– GIRARDON JACQUES, *Tempéraments et caractères*, Genève 1978.

– GARRIGOU-LAGRANGE, *Les trois âges de la vie intérieure, prélude de celle du ciel*, Paris 1955.

– GIRTANNER M., *Même les bourreaux ont une âme*, Tours 2006.

– GOETTMANN A. et R., *Prière de Jésus, prière du cœur*, Paris 1994.

– GRÜN A., *Conquérir sa liberté intérieure*, Paris 2000.

– HERSCH JEANNE, *L'étonnement philosophique*, Paris 2004.

– IDE PASCAL, *Construire sa personnalité*, Paris 1991.

– IDE PASCAL, *Les neuf portes de l'âme*, Paris 1999.

– IDE PASCAL, *Connaître ses blessures*, Paris 1992.

– KARALIS IOANNOU, *Chiesa : terapia per la malattia dell'uomo*, Roma 2002.

– LAFRANCE JEAN, *La prière du cœur*, Dourgne 1980.

– LELOUP J.-YVES, *L'Évangile de Marie, Myriam de Magdala*, Paris 1997.

– LELOUP J.-Y., *Écrits sur l'hésychasme*, Paris 1990.

– LONGEAT J.-P., *24 heures de la vie d'un moine*, Paris 2008.

– LEJEUNE R., *Jeûner, guérison et fête du corps et de l'esprit*, Hauteville/Suisse, 1994.

– LECLERC E., *Sagesse d'un pauvre*, Paris 1981.

– MADRE PHILIPPE, *Mystère d'Amour et ministère de guérison*, Paris 1982.

– MANNATI M., *Pour prier les psaumes : cahiers évangile* n° 13 (1975).

– MARTINI C.M., *Les vertus*, Saint-Maurice 2002.

– MARTINI C.M., *Sul corpo*, Milano 2000.

– MONBOURQUETTE J., *Comment pardonner*, Paris 1994.

– MONBOURQUETTE JEAN, *Apprivoiser son ombre*, Ottawa 2001.

– MOLINIÉ M.-D., *Le combat de Jacob*, Paris 1982.

– MOSCHOS J., *Le pré spirituel, fioretti des moines d'Orient*, Paris 2006.

– PACOT SIMONE, *L'évangélisation des profondeurs*, Paris 2000.

– PHILIPPE MARIE-DOMINIQUE, *Lettre à un ami : itinéraire philosophique*, Paris 1992.

– PHILIPPE MARIE-DOMINIQUE, *Au cœur de l'amour, entretien sur l'amour, la famille et le mariage*, Paris 1987.

– PAR UN CHARTREUX, *Le discernement des esprits*, Paris 2003.

– PRALONG JOËL, *De la faiblesse à la force, Paul de Tarse et Thérèse de Lisieux, un chant d'amour à deux voix*, EDB, 2008.

– ROMAIN JEAN, *La dérive émotionnelle*, Lausanne 1998.

– SAINT AUGUSTIN, *Les confessions*, Paris 1964.

– SAINTE THÉRÈSE DE L'ENFANT-JÉSUS, *Histoire d'une âme*, Paris 1973.

– SAINTE THÉRÈSE DE L'ENFANT-JÉSUS, *J'entre dans la vie, derniers entretiens*, Paris 1990.

– SÉRAPHIM DE SAROV, *Textes*, Paris 1979.

– SINEUX R, o.p., *Initiation à la théologie de Saint Thomas*, Paris 1975.

– SONET D., *Découvrons l'amour*, Limoges 1990.

– SONET D., *Réussir notre couple*, Paris 1991.

– *The greek new testament*, Stuttgart 1985.

– THÉVENOT XAVIER, *Les péchés, que peut-on en dire*, Paris 1998.

– THÉRÈSE DE LISIEUX, *Conseils et souvenirs*, Paris 1988.

– LÉON-DUFOUR XAVIER, *Dictionnaire du Nouveau Testament*, Paris 1975.

– ZUNDEL MAURICE, *L'Évangile intérieur*, Paris 1951.

Table des matières

Achevé d'imprimer sur les presses de la SNEL en Belgique
octobre 2009
n° 49146